北条鉄道の100年

四季それぞれ、沿線彩る

これといって、目立つ物はないが、
駅のホームには、必ず花木、花壇が並ぶ北条鉄道。
お花畑を抜け、茜色の夕日に出合うと、
たった一両の小さな列車は、まさに一幅の絵になる。
そういえば最近、遠来のカメラマンらが増えたとか。
苦しい第三セクター経営の活性化、再生計画は、
これからが本番。
多数のお客さんを招くため、
天から与えられた自然の景観を
何とか生かしたいところ。
決め手は、観光地や歴史・文化遺産を
どう線で結ぶか。課題は多い。

そんな中、一九一五（大正四）年三月三日、快晴の中、
多くの期待を集め、一番列車が走ってから、
今年で満一〇〇歳を迎えた。

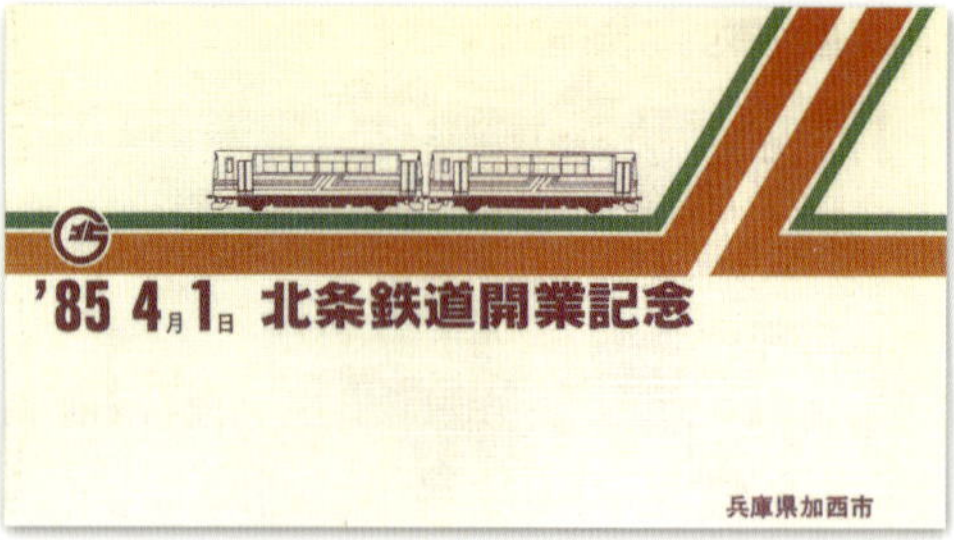
'85 4月1日 北条鉄道開業記念
兵庫県加西市

昭和60年4月1日
北条鉄道開業記念乗車券
MEMORIAL OPEN TICKET
HOJO RAILWAY
北条鉄道株式会社
№ 000236
北条町←→田原
小人 160円
(途中下車前途無効)
北条鉄道株式会社
№ 000236
北条町←→網引
大人 340円
(途中下車前途無効)
北条鉄道株式会社

1890（明治23）年、英国ダブス社製の
15号機。最も古参SLのひとつ
＝湯口徹氏所蔵

1928（昭和3）年、日本車両製のレカ3（レールカー）定員30人。車体改造で体長を伸ばし、床下機関になった
＝大橋一央氏撮影　湯口徹氏所蔵

キハ06と呼ばれ、北条線などで
活躍した客車
＝湯口徹氏撮影・所蔵

レカ11（キハ101）型車。このころになると、
前後に自転車、荷物を積む客車時代へ
＝「レイル」編集部所蔵

本ページ写真　「レイルNo.51」（株式会社エリエイ）より転載

加古川線から北条線に入り、貨車と連結する主役SLのC12型

北条町駅でスタンバイする貨客車けん引の同じC12型

北条鉄道の100年 目次

北条鉄道 路線図
中国自動車道
五百羅漢
酒見寺
住吉神社
北条町
加西市役所
玉丘史跡公園
播磨横田
兵庫県立
フラワーセンター
23
長
播磨下里
古法華自然公園
北条鉄道
法華口
372
法華山一乗寺
田原
網引
粟生
万願寺川
青野ヶ原
河合西
JR加古川線
加古川

北条鉄道　100年の歴史

田園地帯を走るSL。かつて北条町の中心部から
少し外れると、こんな風景が広がっていた

北条町駅で旅客の乗車、貨物の積み込みを待つSL

1. 播州・播丹鉄道時代

舟運に代わり期待の開業

かつて私鉄・播州鉄道の支線であった北条鉄道（加西市北条町―小野市粟生町）が開通して、二〇一五年三月三日で一〇〇年を迎えた。明治時代中ごろから大正にかけて、兵庫県下各地で官営線と結ぶローカル線が敷設されるが、相次ぐ不況、時代の波とともに、その多くが姿を消した。北条線も幾度か営業不振で廃線の議論が交わされたことがあった。実に四度も社名、組織替えされた社史が苦しい足跡を物語る。幸い、地元の熱意と支援で何とか切り抜けてきたが、それはまさに薄氷を踏むようなものだった。いま、民間や行政の支援する第三セクター経営で息をつなぐが、正念場は、これからも、ずっと続く。厳しい生き残りを迫られるなか、これからも、さらなる長寿を目指し、田園地帯を走り続ける。

播州鉄道は、加古川本流で行われてきた荷物を運ぶ舟運に替わる大量輸送手段として、敷設されたとされる。一九一〇（明治四三）年一一月一日、加東郡河合村（小野市河合）の地主で、貴族院議員、斯波與七郎ら一二人が発起人となって、高砂—西脇間の軽便鉄道計画（軌間一〇六七㎜、単線蒸気鉄道）を鉄道院に申請したのが始まり。ルートは、高砂—西脇間の加古川線（三八・九㎞）と、支線の北条線（一三・八㎞）、印南郡上荘町国包—三木間の三木線（六・七㎞）および加古川線に属する加古郡粟津村—山陽本線加古川駅間（一・一㎞）の計六〇・五㎞（日本国有鉄道100年史）。これらは、すべて一括申請されたが、西脇—多可郡中町鍛冶屋間の鍛冶屋支線（一三・二㎞）は、ずっと遅れ、一九一七（大正六）年一二月一五日になった。資本金は一八〇万円だった。

一九一一（明治四四）年一月二五日、工事免許を受けたあと、大阪北浜に会社創立事務所、神戸の元町に神戸出張所を設け、同五月一八日、加古川町公会堂で設立総会を開き、スタートした。本店は同町内に置かれた。工事は翌年三月から始まり、一九一三（大正二）年四月一日に加古川—国包間、同八月一〇日国包—西脇間、同一二月一日高砂—加古川間（高砂線）がそれぞれ開通した。しかし、北条、三木両支線は、建設費の大幅増額が避けられず、共に二年延長を申請、少し遅れることになった。この間、北条ルートでは、出発点の小野市阿形地区が低地で、浸水の危険が心配されたのと、川幅の広い万願寺川の橋梁《りょう》建設費がかさむため、現粟生地区へ変更された。資料によって粟生—北条町間の距離表示が今もまちまちなのは、このコース変更と後年、北条町駅の移動が理由のようである。同支線は、加古川本線より約二年遅れて一九一五（大正四）年三月三日、三木支線は、一九一七（同六）年一月二三日に開業するが、鍛冶屋線は、一九二三（同一二）年五月六日、西脇―国鉄福知山線を結ぶ谷川線は、翌年一二月二七日に全線開通した。これらの開業は、加古川の高瀬舟による舟運が列車に替わったわけで、三〇〇年間続いた伝統を引き継ぎ、さらなる大量、安全輸送を目指し動き出した。

北条支線への期待

「このまま、もし北条支線計画が遅れたら加西は、取り残される。何としても早く着手させなければ」

播州鉄道の開通当時、同社の役員であった加西郡西剣坂町の大地主、高原重太郎は、工事の遅れに危機感を募らせ、折にふれ鉄道が地域発展の起爆剤になることを会社に訴え続けた。高原は、一八九六（明治二九）年に兵庫県議会議員、二年後に当時の加西銀行取締役を勤めた地元の有力者。播鉄との間に入り、加古川線の開業以来、本社もうでを欠かさなかった。

また、郡内有志らでつくる北条支線速成同盟会（高井常次郎代表）をはじめ企業、有志住民らが早期着手のため、二万円の寄付金を集めるなど先頭に立って運動を繰り広げた。かつて県下各地で敷設許可が下りながら、立ち消えになった多くの例から、北条支線も絶対安心だとはいえなかった。北播地方の中でも加西は、舟運が行われる加古川、市川（神崎郡福崎町）まで、かなりの距離があり、米、わら工芸品、特産の石材用長石などを運ぶには、多数の牛馬車、荷車を仕立てるしかなかった。輸送量、時間的なロスの問題が大きなネックだっただけに、地元では鉄道に寄せる期待が大きかった。一足早く店開きした隣の加古川線を目にするにつけ、加西の熱い思いは、ますます強まった。

工費、施設内容とも比較的軽い負担で着手できる軽便鉄道法が施行された一九一一（明治四四）年前後でも、資金調達がうまくいかず、次々、立ち消えになったローカル鉄道計画が全国各地で多かった。播州鉄道の場合も幹線の加古川線や高砂線は、何とか予定通り開業したが、北条支線を含む他のグループ支線は、やはり、同法の適用を受けながらも資金不足で着工が遅れざるをえなかった。しかし、地元の強い熱意を受け、播鉄は鉄道そのものに借金の抵当権を設定したり、銀行融資に奔走するなど、二年遅れの着手を守る経営努力を前進、それが報われる日がやってくる。一九一四（大正三）年七月六日。それは地元にとって、待ちに待った起工式の日だった。地元紙の神戸又新日報は、同日の様子を次のように伝えている。

「この日は、午前九時から北条町の揚武館で起工式が催され、播鉄、地元有志ら関係者約二〇〇人が出席。経過報告、工事の概要説明が行われ、祝い合った。会場は、ホッとした空気につつまれた」

路線は、起点の北条から南へ横田、長、下里、法華口、田原、網引をへて終点の小野粟生に至るが、ほとんどが平たんな田園地帯を通り、長地区辺りで東側へ大きく膨らむ以外、直線が多い。切り通しの必要な山間部や長い橋梁の必要な万願寺下流の渡河を避け、極力、工事費の経費節減が図られた。総工費四四万八、九一〇円（一マイル当たり五万六、〇〇〇余円）と、比較的安上がりに計画された（同又新日報）という。一九一五（大正四）年二月には、最後の路線への砂利入れ、開業とともに店開きする北条町、長、法華口、網引駅の準備、関連設備、施設のチェックが念入りに進められた。北条町駅は当初、本町中央部に設けられる予定だったが、開業時の位置に変更されたのに伴い、駅前道路の拡幅、多可郡中町方面に通じる新しい道路建設など、幹線道整備が行われた。

北条支線の開通

北条支線の開通式が行われた一九一五（同四）年三月三日は、前日の風雨もすっかり晴れ上がり、絶好の開業日和に恵まれた。式典は、午後一時から北条町の駅前広場に設けられた特設会場で盛大に催され、地元住民、来賓、鉄道関係者ら約八〇〇人が出席した。当初、会場は町公会堂を予定していたが、参列希望者が増え、急きょ変更された。式場入口には、開通を祝う大きな横看板が掲げられ、周辺には多数の幟《のぼり》がはためいた。あちこちに、催し会場、出店が並ぶ中、遠く神戸、姫路などから多数の参列客が専用列車で詰めかけ、各駅、沿線にも多数の人たちが集まった。各町内はこの日に祝意を表し休日、休業とする商店も多く、鉄道開通のお祝い一色につつまれた。

式典は、伊藤英一・播州鉄道専務取締役の式辞に続き、来賓の小出雅雄・加東郡長、宮崎亀太郎・北条町長、高井常次郎・北条支線速成同盟会代表、西村重義・兵庫県議会議員、三枝幾太郎・播鉄発起人総代、松尾臣善・元日銀総裁らが祝辞を述べた。

催し会場では、手品、軽業《わざ》、模擬店などが並び、モチまきも行われた。また、北条町周辺一九町村から屋台二三台が繰り出し、酒見寺から式典会場、町内を練り歩いた（加西郡誌）。夜には、町内各所にイルミネーションが点灯、打ち上げ花火や映画上映なども催された。高原重太郎の孫、正樹氏（八〇）は「祖父は、私の出生前に亡くなり、顔も知りません。鉄道のことは、父にも全く話さなかったので、詳しい様子は分かりませんが、福崎町の播但鉄道と結べなかったことを残念がっていたと聞いています。とはいえ、地元発展のため、よくがんばってくれたことを誇りに思っています。いつまでも走り続けてほしい」と話す。加西郡誌も「播鉄にかけあい、着手に努力した高原重太郎、地域の熱意が成功に導いた」と記述している。

北条町は、昔から「鉄道運」に恵まれなかった。姫路、高砂、山崎、但馬、丹波、兵庫の各街道が集まる交通の要衝で、地域を結ぶ敷設計画がもち上がりながら、すべて流産に。福崎延伸の話もそのひとつだったが、日の目はみなかった。一九二二（大正一一）年四月、鉄道敷設法が改正公布され、幹線と幹線を結ぶ支線網の整備を目指し、全国で一七八の予定線が定められた。その中の八三号線「兵庫県の谷川から西脇、北条をへて、姫路付近に至る鉄道」が加西

1915（大正4）年3月3日、播州鉄道北条町駅前で催された開通記念祝賀会場。前日の風雨も上がり、まちは大変なにぎわいに

開通を祝い、北条各町から繰り出した23台の屋台。会場や町内を練り歩いた

播州鉄道時代の3代目1号機。開業時、米国ボールドウィン社から購入。1911（明治44年）製＝大橋一央氏撮影・湯口徹氏所蔵「レイルNo.51」（株式会社エリエイ）より転載

にとって、夢のコースとみられた。だが、時すでに遅く加古川線、支線が開業、大義名分を失っていた。何とも惜しい皮肉な計画となり、福崎への道は夢物語に終わってしまった。

開業時の従業員は、わずか七人

開業した北条支線は、大きな期待をのせ、順調にすべり出した。当時のスタッフは、北条町駅が駅長一人、事務職二人、車掌・火夫・機関士各一人の六人、法華口に駅長一人の計七人だけであった。他に中間駅として長、網引駅があったが、終点粟生と共に駅員は置かれず、対応は、車掌または各駅に張りついていた民間運送店が当たった。沿線では、旅客だけでなく、農産物や特産物などの貨物取扱いも重要な業務で、開業当初から駅の農業倉庫に収める各町村の米、豆類、特産物を扱う運送店が各駅に常駐していた。特に北条町駅では丸陸、丸二、丸北の三社が出店していたが、一九二七（昭和二）年になって、鉄道省が一駅一店経営を通達したのに伴い、各駅の運送店が合同し、新たに丸八運送株式会社を設立、本店を同駅に置いた。そして下里、網引、粟生駅に支店を設けた。長駅にも一時、支店があったが、その後独立、上原丸一運送店を創設、地元、長石の配送に当たった。また、元丸北運送店と一部荷主が山北荷主連合運送店を設立、北条町駅近くで開業した。当時、各店の競争は激しく、その後、丸八運送店は日本通運に買収された（加西市「北条鉄道駅舎建造物調査」北条町史）。運送店は、いずれも鉄道とは別会社だが、貨物取扱だけでなく、無人駅や人手不足の駅業務まで担当するという当時の様子がうかがえる。北条町駅などで近年まで一部の倉庫が残っていたが、もともと支線は、貨物線としての性格が強く、名産酒米・山田錦、麦、わら加工品などの収納、送られてくる肥料などの荷受けに欠かせない施設だった。かつて酒米の出荷時期には、当時、一日一本しかなかった貨物列車の奪い合いが展開された。開業六年後には、旅客は二・二倍、貨物は四・五倍に増える好成績を収めたという。

中間各駅の開業状況

播州鉄道は、開業した一九一五（大正四）年三月三日、北条町、長、法華口、網引（粟生は除く）の四駅でスタートするが、続いて一九一六（同五）年六月三日、横田村、一九一七（同六）年八月一四日、播鉄王子、一九一九（同八）年一二月一二日、田原駅がそれぞれ店開きした。横田村は五年後に休止、その後、いったん廃止になるが、一九六一（昭和三六）年一〇月一日、地元の強い要望で横田仮乗車場として復活、同一二月二〇日、播磨横田駅に改称される。田原も一九四三（昭和一八）年六月一日、国有化で廃止になるが、地元陳情で一九五二（同二七）年二月一八日に移転、復活。播鉄王子は、国有化と同時に播磨下里駅に改称される。田原、播磨横田は旅客、その他は旅客、貨物の両方を扱っていた。

高原重太郎の保存資料

播州鉄道北条支線はその後、播丹鉄道北条支線、国鉄北条線、第三セクターの北条鉄道へと四度にわたる社名、組織替えをするが、その間、社史は作られず、会社概要、業務内容、写真などの資料が散逸し、特に開業当時の詳しい記録は残っておらず、日本国有鉄道１００年史にも、ごく簡略な記述しかない。そんな現状の中で、たまたま、姫路市内の古美術店「好古」が所蔵する高原重太郎の資料集に、播鉄北条支線開業当時の一部資料が見つかった。いずれも一九一三（大正二）年〜一九一五年ごろのものが大半で、播鉄の資金借り入れ委任状、鉄道敷設発起人の一覧、定款、株主名簿、社則、時刻表、北条支線の建設・収支メモ、地元住民の寄付計画、土地提供の申し出などの文書が残っている。鉄道に寄せる地元の熱い思いや、建設に伴う多額の費用負担をかかえ、その資金調達に奔走する関係者の苦労ぶりがうかがえる。中でも、自社軽便鉄道に借金の抵当権を設定、当時の大隈重信総理大臣名で受けた認可状など興味深いものもある。主なものを紹介する。

［播州鉄道調査書］鉄道敷設申請直前の一九一〇（明治四三）年九月一五日に作成されたもの。翌明治四四年五月の会社創立直後にも、この調査書とは別に同社の営業見通しなどを示した冊子「播州鉄道とは、どんなものか」（同鉄道創立事務所編、国立国会図書館蔵）が発刊されているが、そのベースになるような一部内容が記述されているところから、おそらく、この調査書が活用されたのではないか。

調査書によると、まず鉄道敷設の目的について「東播州における交通機関の整備を目指し、路線配置もなるべく従来の既存交通ルートに従い、建設したい。完成すれば必ず地域発展に役立つ」という趣旨の考え方を述べている。長年、加古川の舟運運輸に頼らざるをえなかった東北播地方の物流事情を改善するには、鉄道による安定・大量輸送が欠かせないとし、加古川に沿った幹線鉄道だけではなく、支線の高砂、三木、北条線を含む有機的な輸送体系づくりが急がれるとしている。当時、鉄軌道敷設には一般鉄道または、負担の小さい軽便鉄道のいずれかによる方法があったが、調査書は「いかなる形式によって建設するかが重要で、現状を考えると、軽便鉄道により、小型SLの運用が最適だが、将来、普通鉄道車両の運用、動力の変更などがある場合に備え、橋梁、線路、レールの対応も配慮しておかなければならない」と指摘。北条線でも将来を見越した施設、設備の事前強化が必要だと記述している。

さらに敷設費についても測量、工事監督費四五万五、〇〇〇円、用地費二七万五、〇〇〇円、土木費二六万二、六〇〇円など計一五〇万円を計上しているが、その後、会社発足直後の同冊子では、三〇万円増の計一八〇万円に増額されている。また、調査書は、年間を通した貨客収支見通し、近隣の国鉄山陽本線や播但線、阪鶴線（福知山線）との貨客予測比較などが示されている。

「播州鉄道の路線地図」製作年月日が記載されていないため、いつごろのものか不明。北条支線の終点・粟生駅（小野市）は、着工前、阿形地区から変更になりながら、表示されていないのと、後半開業する三木支線が示されていることから、計画中の予定ルートとして作られたようだ。

［播州鉄道の発起人］◇最初発起人＝斯波與七郎、石井徳次、長谷川惣太郎（以上加東郡）、来住泰次郎（多可郡）、三宅利平、伊藤萬治郎、吉田喜代松、伊藤英一（以上加古郡）、川嶋捨太郎（滋賀県）、木村静幽（大阪市）、河野天瑞、川端浅吉（以上武庫郡）

◇追加発起人＝大橋義一、岩本勘兵衛、佐伯虎吉、佐伯音次郎、稲岡幸八郎、志方耕蔵、高原重太郎、三枝幾太郎（以上加西郡）、松尾八太郎、山本千賀治、河合八太郎、阿江勲、近藤源吉、近藤昌次郎、稲岡猪之助（以上加東郡）、来住廣次郎、来住兼三郎、高瀬定次郎、岡澤磋玄太、上月安重郎、廣田伝左衛門、藤井茂兵衛（以上多可郡）、大西甚一平、畑吉平、畑昌愷、田中繁大郎、瀧竹蔵（以上印南郡）、松本亀太郎、岸本勝次郎、花井虎吉、野間宗一、玉岡季太郎（以上加古郡）、秋山恕郷（武庫郡）、相部十八（神戸市）、桑原政、平佐昌俊、宗像半之助、上田寧、松永安左衛門（以上大阪市）

［東播軽便鉄道の定款］一九一一（明治四四）年に発足した軽便鉄道の播州鉄道より五年前の一九〇六年に一足早く認可を受けた、いわば先輩の別会社で、どうやら参考資料としたものらしい。多可郡西脇・津万村長の来住万之介、藤井忠兵衛（同中町、多可銀行頭取）らが発起人となり、許可申請した。定款によると資本金は五〇万円、本社を加東郡社町に置き、氷上郡

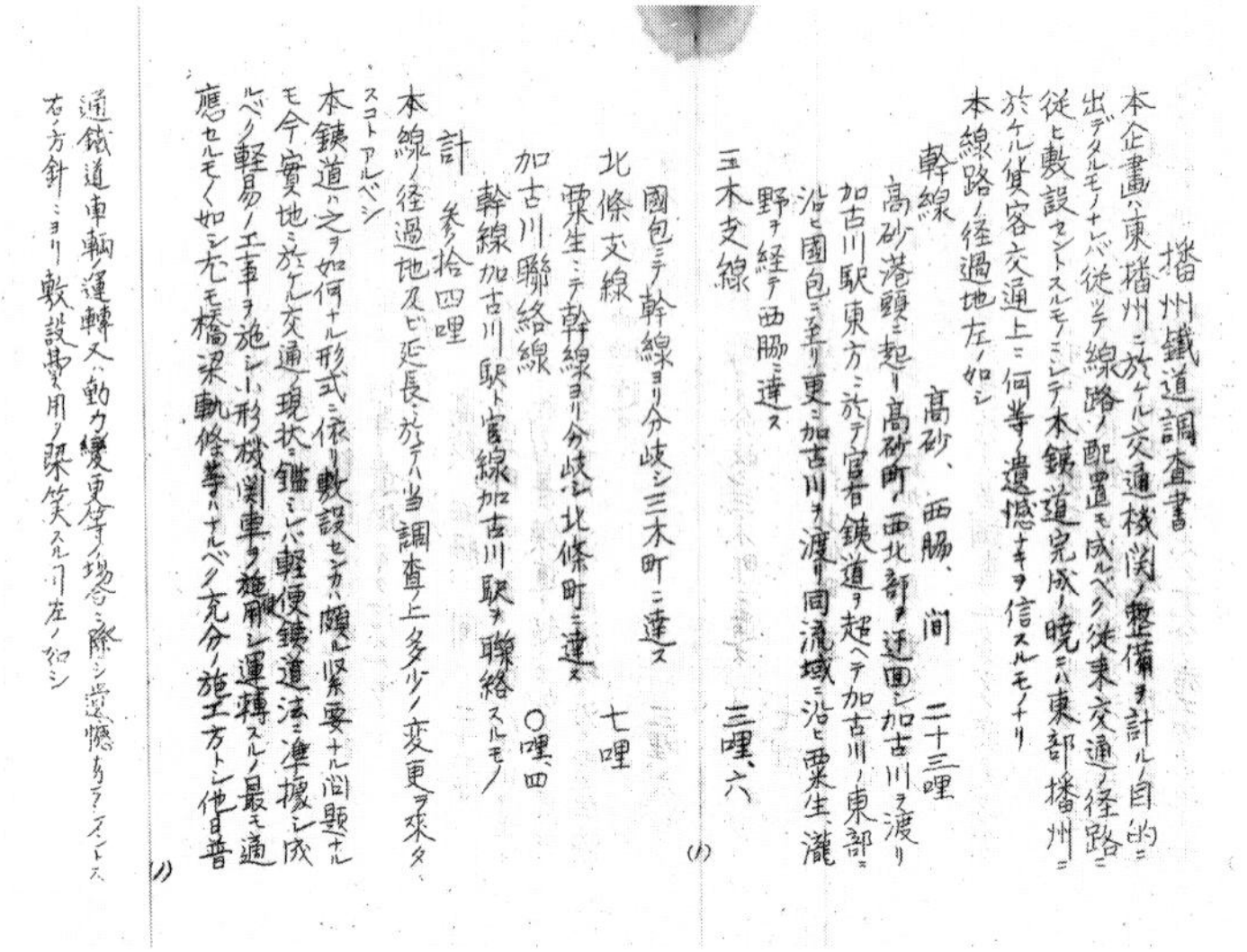

播州鐵道調査書

本企畫ハ東播州ニ於ケル交通機関ノ整備ヲ計ルノ目的ニ出デタルモノナルバ従ッテ線路ノ配置モ成ルベク従来交通ノ径路ニ従ヒ敷設セントスルモノニシテ本鉄道完成ノ暁ニハ東部播州ニ於ケル貨客交通上ニ何等ノ遺憾ナキヲ信スルモノナリ

本線路ノ経過地左ノ如シ

幹線　高砂、西脇、間　二十三哩

高砂浜頭ニ起リ高砂町ノ西北部ヲ迂回シ加古川ヲ渡リ加古川駅東方ニ於テ官設鉄道ヲ超ヘテ加古川ノ東部ニ沿ヒ國包ニ至リ更ニ加古川ヲ渡リ同流域ニ沿ヒ粟生、瀧野ヲ経テ西脇ニ達ス

三木支線　三哩、六

國包ニテ幹線ヨリ分岐シ三木町ニ達ス

北條支線　七哩

粟生ニテ幹線ヨリ分岐シ北條町ニ達ス

加古川聯絡線　〇哩、四

幹線加古川駅ト官線加古川駅ヲ聯絡スルモノ

計　参拾四哩

(1)

本線ノ経過地及ビ延長ハ於テハ当調査上多少ノ変更ヲ来タスコトアルベシ

本鉄道ハ之ヲ如何ナル形式ニ依リ敷設セカハ頗ル肝要ナル問題ナルモ今實地ニ於ケル交通ノ現状ニ鑑ミレバ軽便鉄道法ニ準據シ成ルベク軽易ノ工事ヲ施シ小形機関車ヲ運轉スルノ最モ適應セルモノノ如シ尤モ橋梁軌條等ハナルベク充分ノ施工方トシ他日普通鉄道車輌運轉又ハ動力變更等ノ場合ニ際シ遺憾ナカラシメントス

右ノ方針ニヨリ敷設費用ノ概算スル所左ノ如シ

(2)

播州鉄道調査書。敷設の目的、敷設費、他の鉄道との貨物予測比較などを検討している

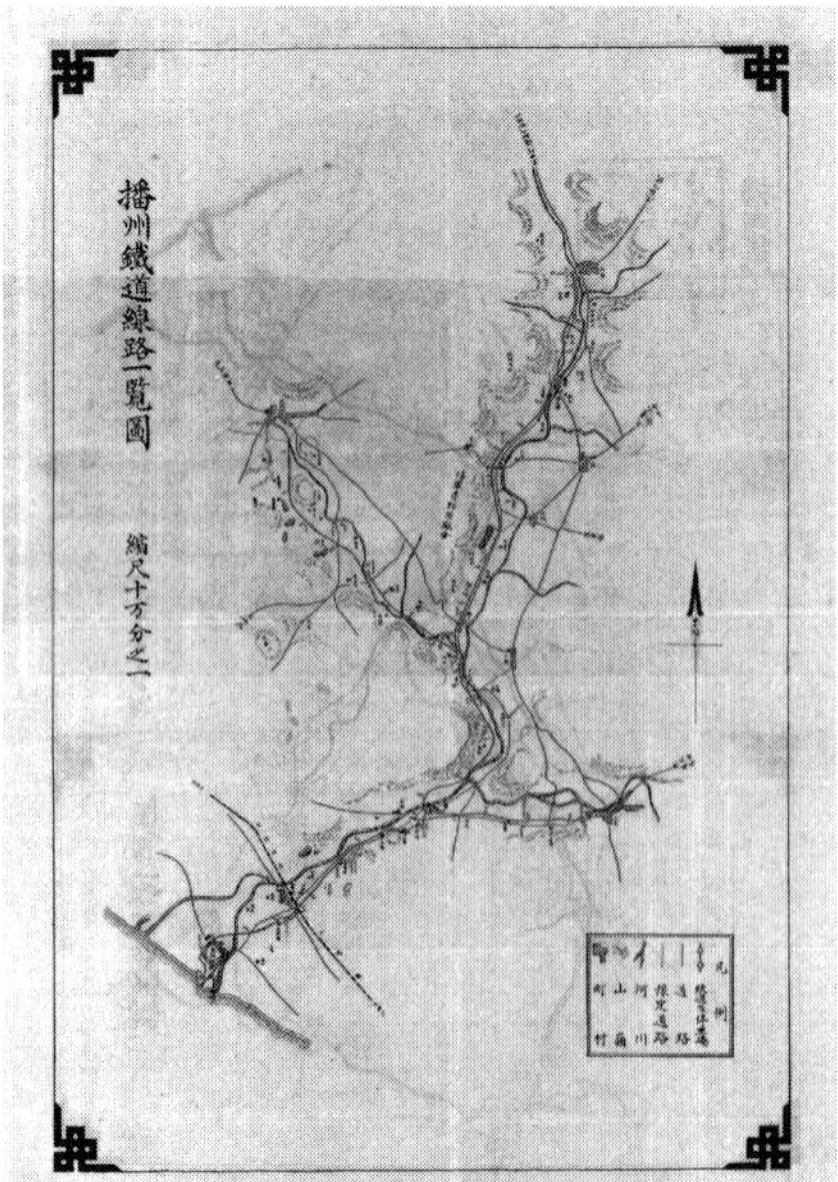

播州鉄道の路線図。製作年月日は不明だが、開業当時のものか

最初出願發起人

- 加東郡　斯波與七郎
- 仝郡　石井德次
- 多可郡　來住泰次郎
- 加古郡　三宅利平
- 仝郡　伊藤萬治郎
- 仝郡　吉田喜代松
- 加東郡　長谷川惣太郎
- 加古郡　伊藤英一
- 滋賀縣　川嶋捨太郎
- 大阪市　木村靜幽
- 武庫郡　河野天瑞
- 仝郡　川端淺吉

（十二名）

追加發起人

- 印南郡　大西萬一平
- 仝郡　畑吉平
- 仝郡　畑晶愷
- 仝郡　田中繁太郎
- 仝郡　瀧竹藏
- 加古郡　松本龜太郎
- 仝郡　岸本勝次郎
- 仝郡　花井虎吉
- 仝郡　野間宗一
- 仝郡　玉岡季太郎
- 多可郡　來住廣次郎
- 仝郡　來住兼三郎
- 仝郡　高瀬定次郎
- 仝郡　岡澤礎玄太
- 仝郡　上月安重郎
- 仝郡　廣田傳左衛門
- 仝郡　藤井茂兵衛
- 加西郡　大橋義一
- 仝郡　岩木勘兵衛
- 仝郡　佐伯虎吉
- 加西郡　佐伯晋次郎
- 仝郡　稲岡幸八郎
- 仝郡　志方耕藏
- 仝郡　高原重太郎
- 仝郡　三枝幾太郎
- 加東郡　松尾八太郎
- 仝郡　山本千賀治
- 仝郡　河合八太郎
- 仝郡　阿江勘
- 仝郡　近藤源吉
- 仝郡　近藤昌次郎
- 仝郡　稲岡猪之助
- 武庫郡　秋山惣緒
- 神戸市　相部十八
- 大阪市　桑原政
- 仝市　平佐昌俊
- 仝市　宗像牛之助
- 仝市　上田寧
- 仝市　松永安左衛門

（三十九名）

播州鉄道の建設発起人名簿。最初の一二人に対し、三九人が追加された

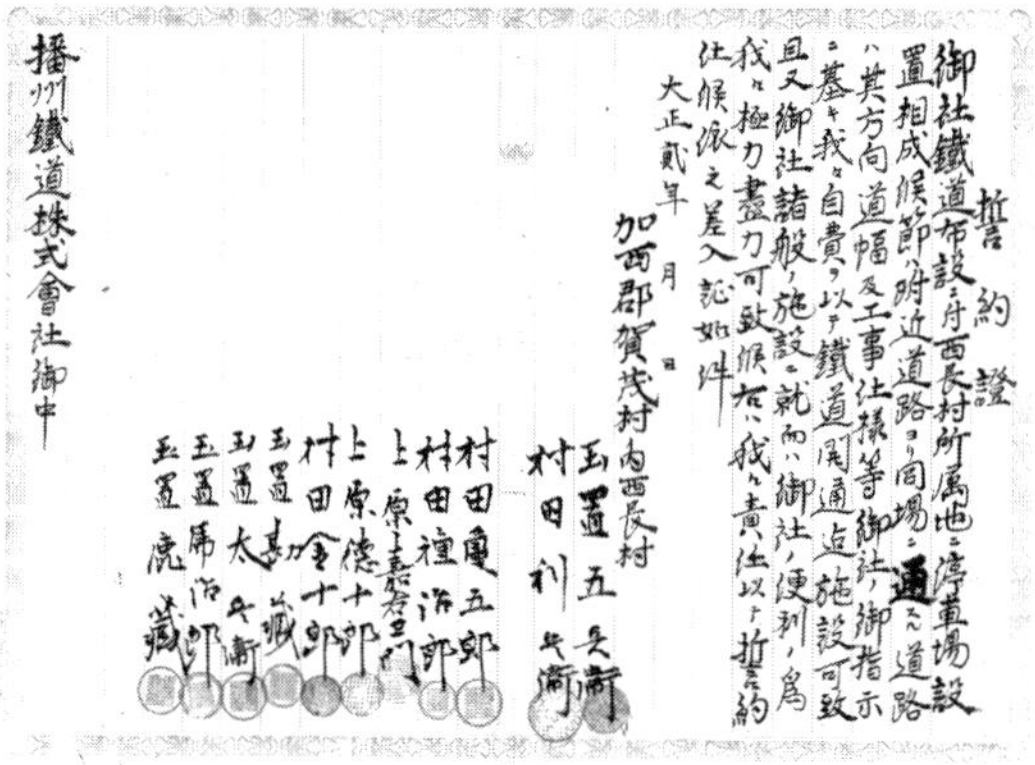

誓約證

御社鐵道布設ニ付西長村所属地ニ停車場設置相成候節ハ附近道路ヨリ同場ニ通スル道路ハ其方向道幅及工事仕様等御社ノ御指示ニ基キ我々自費ヲ以テ鐵道開通迄ニ施設可致且又御社諸般ノ施設ニ就而ハ御社ノ便利ノ為我々極力盡力可致候右ハ我々責任ヲ以テ誓約仕候依之差入証如件

大正貳年　月　日

加西郡賀茂村内西長村

玉置五兵衛
村田利兵衛
村田亀五郎
村田権治郎
上原嘉右衛門
上原徳十郎
村田金十郎
玉置勘蔵
玉置太兵衛
玉置郁治郎
玉置鹿蔵

播州鐵道株式會社御中

村有地の道路使用を認める村民たちの同意誓約書

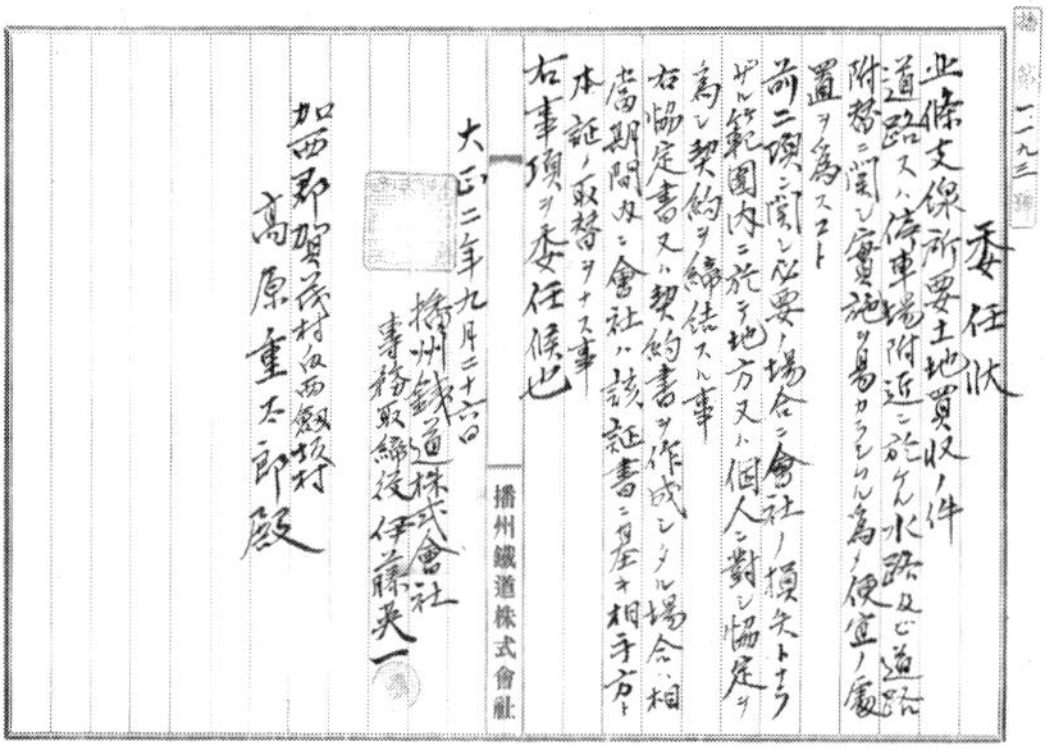

二一九三

委任状

北條支線所要土地買収ノ件

道路又ハ停車場附近ニ於ケル水路及ビ道路附替ニ関シ實施ヲ為カラシムル為ノ便宜ノ處置ヲ為スコト

前二項ニ関シ必要ノ場合ニ會社ノ損失トナラザル範囲内ニ於テ地方又ハ個人ニ對シ協定ヲ為シ契約ヲ締結スル事

右協定書又ハ契約書ヲ作成シタル場合ハ相当期間内ニ會社ハ該証書ニ署名シ相手方ニ本証ノ取替ヲナス事

右事項ヲ委任候也

大正二年九月二十六日

播州鐵道株式會社
専務取締役　伊藤英一

加西郡賀茂村西剱坂村
高原重太郎殿

播州鐵道株式會社

北条支線の土地買収委任状

の谷川〜加古川間に敷設、完成すれば、さらに区間を三木、中町支線（多可郡）などへ延長する計画だった。しかし、不況のため、一九〇八（明治四一）年六月、会社は解散した。

［新東播軽便鉄道の敷設免許状、同命令書、定款］その後、斯波與七郎らの発起人による播州鉄道敷設申請に対し、一九一一（明治四四）年一月二五日、桂太郎内閣総理大臣名で免許状が交付されるが、同年に軽便鉄道法が施行されたため、新たに同法による建設認可申請を翌明治四五年一月二四日までに提出し直しするよう指示している。また、命令書では、細かい工事内容、料金の設定などを守るよう条件をつけている。条文の中には「陸海軍官憲が鉄道の軍事使用を命じたときは、従わなければならない」「政府が公益上、必要と認めたときは、いつでも鉄道および付属物件を買収することができる」などの厳しい遵守義務が課せられている。

［播州鉄道の社則］一九一一〜一九一二年ごろに作られたものらしい。八二ページに及ぶキメ細かい規則を記述。各課係の業務、鉄道現場の職務体制、庶務、服装、給与規定や体格検査の内規などが記されている。特に制服規定では、運輸、車両従業員に夏、冬用に貸与される服、帽子のデザインが示され、当時の鉄道マンの姿がうかがえる。

［株主名簿］播鉄加古川線が開通した直後の一九一三（大正二）年九月三〇日現在のもので、法人を除く個人一、四〇九人（三万六、〇〇〇株）の持ち株数、住所が記載されている。人数では、やはり兵庫県が圧倒的に多く一、二三五人、以下、大阪八五人、愛知三一人、滋賀一一

人、広島一〇人などとなっている。

［播鉄本社の絵はがき］＝「古美術店・好古」の前嶋第誓氏所蔵。開業当時に作られたものらしい。加古川駅の本社で二階が事務所、一階が駅のようで、ホームには、たくさんの乗客が右側から入って来る列車を待っている。当時の駅の様子がうかがえる。

［北条支線・長駅周辺の用地利用］一九一三年の文書で、加西郡賀茂村内西長村の有志多数が長駅を設置するとき、道路用地確保のために協力を申し出ている。長地域は、土木・建築用石材・長石の産地で、地元への駅づくりについては、期待が大きかった。

［北条支線の土地買収委任状］一九一三（大正二）年九月二六日付けで、伊藤英一播鉄専務取締役から加西郡西剣坂村の高原重太郎取締役にあてた用地買収の依頼。鉄道建設に伴う道路、停車場付近の水路、道のつけ替え用地の確保について、会社が損失のない範囲で契約を結んでほしいと要請している。本来なら会社の仕事だが、そこは、地元有力者に頼み、計画をより効果的に進めようとしている。

［北条支線の工事予算メモ］試算の書かれた年月日は不明だが、着工の少し前ごろにメモとして記されたのではないか。おおよその建設費が推測される。当初、計上されていた多額の車両費がその後、何らかの理由で機関車だけ幹線の加古川線から流用できるようになり、削減が行われている。

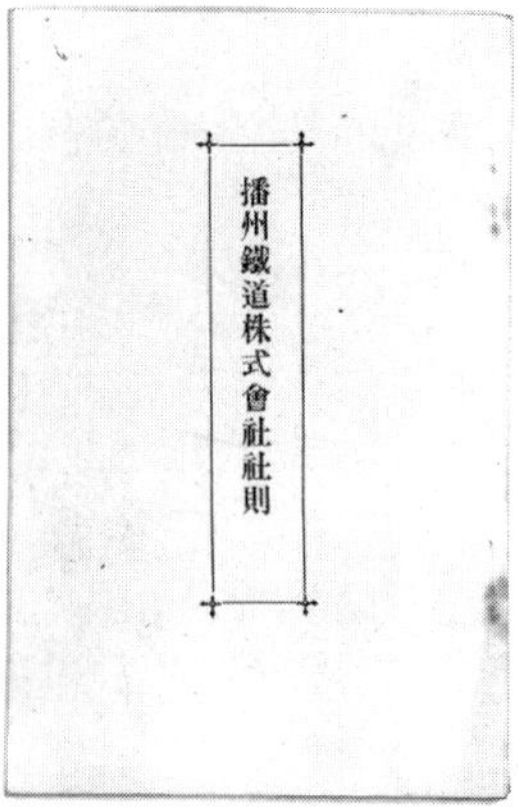
播州鐵道株式會社社則

全文が記載されている播州鉄道の社則集

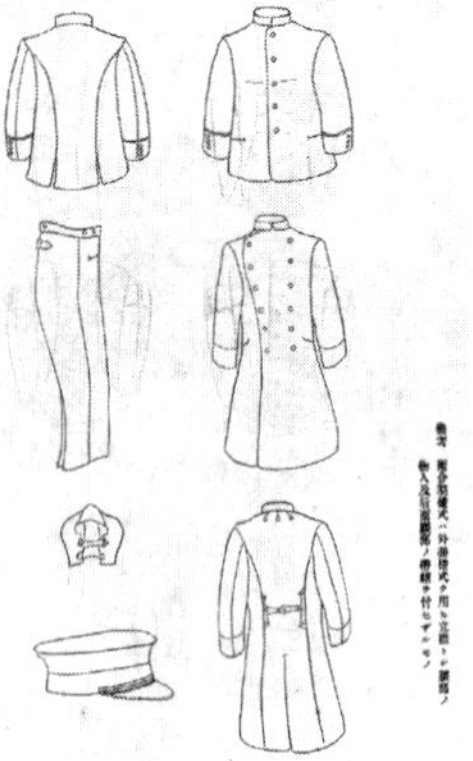

社則で紹介される播州鉄道の制服（夏用）

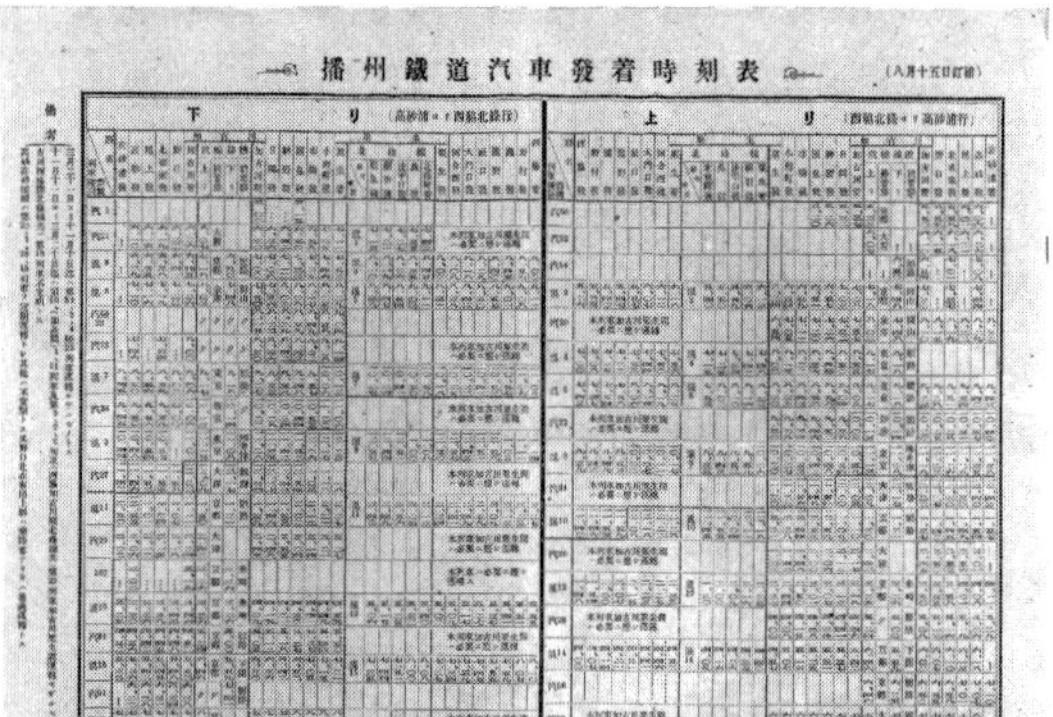
播州鐵道汽車發着時刻表

下り

上り

播州鐵道株式會社

北条支線が開業したころの播州鉄道時刻表

1913（大正2）年開業ごろの播州鉄道本社（加古川線加古川駅）。乗車を待つ乗客の姿も見える

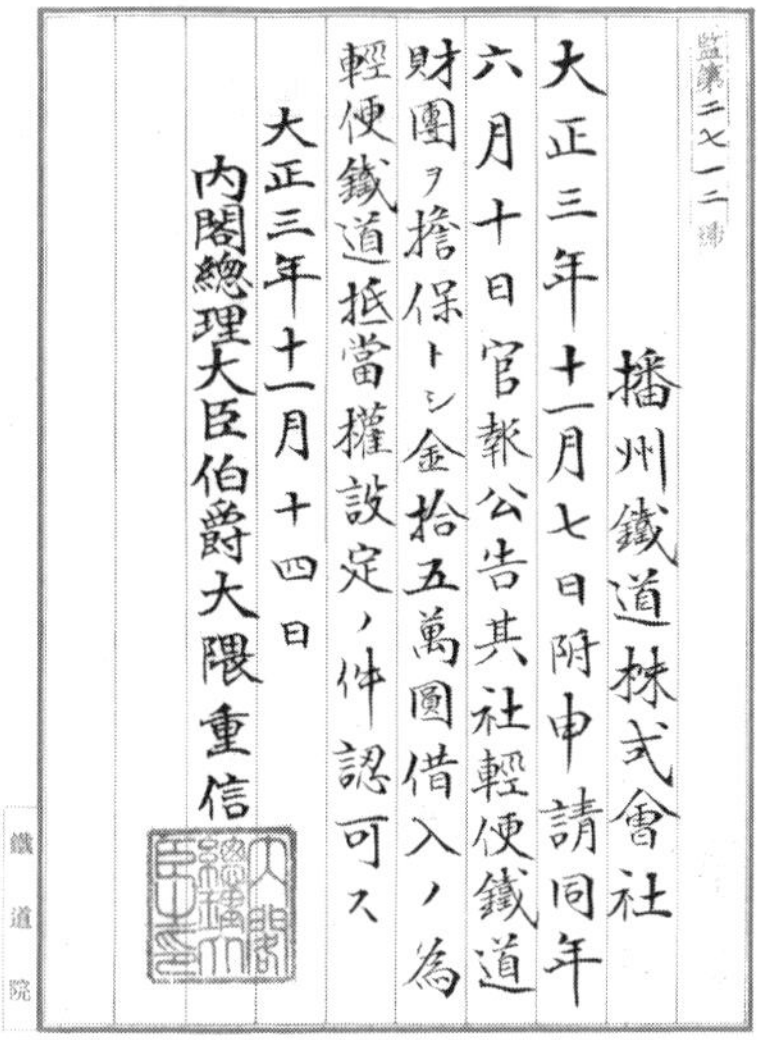
播州鐵道株式會社
大正三年十一月七日附申請同年六月十日官報公告其社軽便鐵道財團ヲ擔保トシ金拾五萬圓借入ノ為軽便鐵道抵當權設定ノ件認可ス
大正三年十一月十四日
内閣總理大臣伯爵大隈重信
鐵道院

軽便鉄道の抵当権設定の認可状

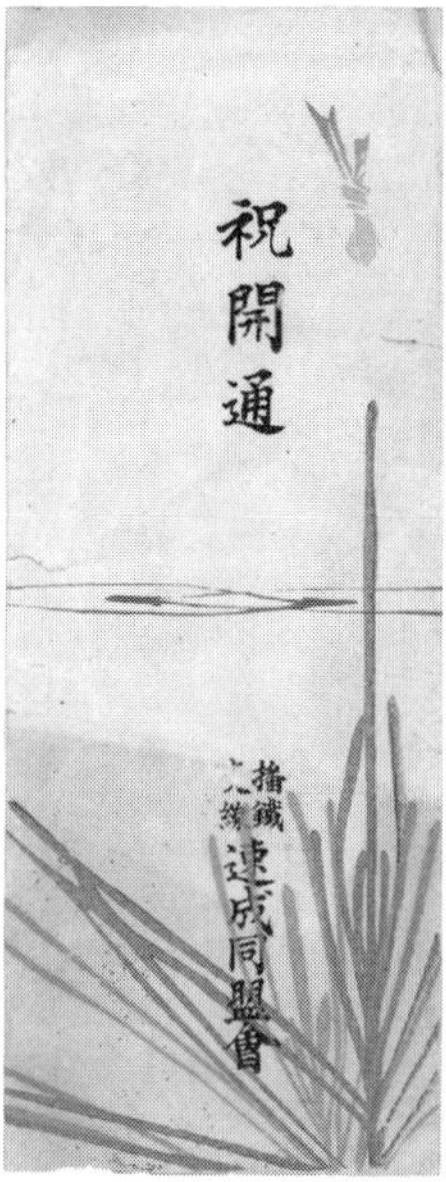

北条支線開通を祝い、
贈られた記念品の封筒

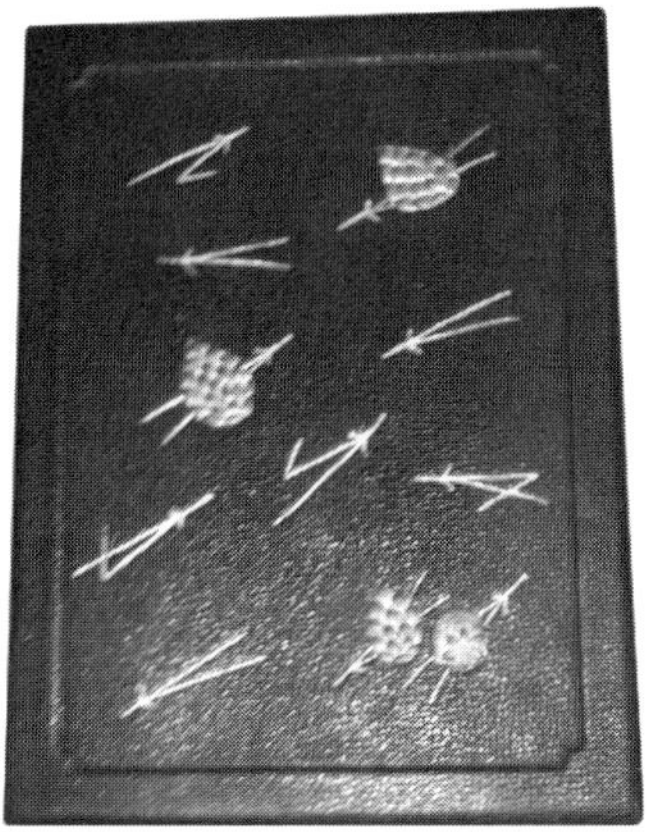

北条支線開業を記念して作られた皮革製の硯箱

北条支線開業式で来賓らに
配られた記念の銀杯

［住民からの寄付金集め］北条支線の着工前、資金不足のため、着手の遅延が心配され、速成同盟会が結成されたり、地元商工業者による募金などの促進運動が展開された経緯があり、この寄金二万二、三〇〇円（約九〇人）も支援金のひとつではないかとみられる。このほかにも、大正三年の着工直前に地元区長が下書きした金額の入っていない寄付申し込み書も見つかり、資金の使い道として「向こう一カ月以内に起工されること」を条件に挙げるなど、住民の支援も結構多かったようだ。

［播鉄の借金文書］開業後も初期投資、支線建設費など多額の資金不足に見舞われ、政府や銀行などに提出された借用申し込み書、保証依頼などの一部控えが残っている。その中には、一五万円の借り受けのため、軽便鉄道に抵当権を設定、大正三年一一月一四日付けで内閣総理大臣大隈重信から許可を得た文書を見ても、台所の苦境ぶりがうかがえる。

［播鉄の第八回定時株主総会の議案書］当時の議案書は、大刷りされた一枚ものに審議事項が記載されていた。八回総会は、一九一五（大正四）年三月三一日に開かれ、大正三年度下半期（大正三年八月一日〜同四年三月三一日）の業務報告で、北条支線の工事進行状況が示されている。それによると「大正三年八月一日、土木工事、橋梁工事に着手以来、順調に進んでいる。建物、軌道など諸工事と共に、大正四年二月二六日には、一部付随工事を除き、ほぼ終了し同二七〜二八日に検査を受け、同三月三日から営業を開始した。駅は北条町のほか、中間駅

として長、法華口、網引の三駅を置いている」と記述している。

［播鉄の時刻表］作成年月日の記載はないが、北条支線の中間駅は開業当時、三駅でその表示だけがあること、一九一七（大正六）年に開業した三木支線の記載がないことなどから、大正四～五年ごろのものとみられる。当時の北条支線は、上下便とも九便（現在は同一七便）と少なく、所要時間も北条町～粟生間が約三三分と現在に比べ、約一〇分程度遅かった。しかし、開通時から上下便とも粟生駅で南北の国鉄と連絡され、便利であった。

［北条支線の開通記念品］一九一五（大正四）年三月三日、北条町駅前で催された開通記念式典では、招待された一般客には手ぬぐい、来賓らには銀杯が贈られた。いずれも支線の早期実現に地域を挙げて取り組んできた播鉄北条支線速成同盟会が贈ったもので、名称入りの記念品を入れた封筒、銀杯、皮革で作られた硯箱が残っている。

［北条町駅構内への人力車置き場設置の願い］支線開通直前の大正四年一月一九日付けで、当時、地元で営業していた二〇人から連盟で出されたもの。一九二九（昭和四）年九月に発行された加西郡誌によると、一九〇七（明治四〇）年ごろ、加西郡内には人力車が六二台あったが、その後、一九一二（同四五）年は四四台、一九一六（大正五）年には二九台と減っている。しかし、北条支線の開通によって、身近な乗り物として、利用増を目指す業者の期待も大きかったようだ。

［北条支線の営業収支計算書］作成年月日の表示がないが、開業直後のものとみられる。メモのような記載だが、収入七万二五四円に対し、支出三万一、七七五円、差し引き三万八、四九九円の黒字が計上されている。

大正時代後期ごろの経済状況

大正後期の加西の地域経済状況について、兵庫県加西郡郡勢要覧（一九二三・大正一二年編）では、次のように記述する。

一九二三年当時の人口は四万三、五三三人（七九二三戸）。このうち、農家が約七〇％弱。酒米、ソラ豆、わら加工品（むしろ、かます、畳表）、酒、織物、石材（長石、高室石）などを特産品として出荷してきた。実は、神戸ビーフの供給地のひとつで、黒毛和牛を三、〇〇〇頭以上飼育、京阪神方面などへ送っていた。全体的には、農産物の生産価格が工業生産物を上回り、年間出荷額で一〇〇万円を越えたのは綿織物と酒、一〇万円以上は、わら製品、凍豆腐などだった。播州織といえば西脇だが、加西でも古くから手がけられ、加西郡誌によると一八七七（明治一〇）年、北条町横尾の高井常三郎が今染織物を始め、五年後に縞絣《しまかすり》「常盤織」を織ったのが最初だという。明治中期には四九工場が操業、七〇〇人以上の従業員が働いていた。一九〇五（同三八）年、加西郡織物組合（藤本貞蔵組合長）が創立、一九一六（大正五）年、北条町の村上為蔵が広幅織機工場を興こし、三年後、山陽製布、播州織布会社ができ、広幅、小幅の機械織りを始め、加西の綿糸、綿布産業は最盛期を迎えた。建物、石垣などに使われる長石は、旧賀茂村（長地域）、下里一帯が産地で古くから産出、一九一二（大正元）年ごろが最盛期だった。加西は、昔から「石造文化のまち」といわれ、良質で加工のしやすい長石、高室石が産出し、これを使った石棺、石仏があちこちで見られる。五百羅漢、古法華の石仏などに使われたが、難点は重量を伴う輸送方法。同郡誌は、この点について「播州鉄道が北条線を敷設するに当たり、西長地域に長駅を設けたのは、近くに産する長石の将来に着目したからだ」と記述している。

加西は面積、人口、他地域に比べ荷車の台数が多い。一八九八（明治三一）年の牛馬車数は、その一〇年前に比べ、圧倒的に増え、計三三三台を数え、一九一四（大正三）年になると、牛馬車を含む荷車数は、約四、〇〇〇台に達した。地元に大きな河川がなく、舟運が開かれなかったためで、年々、増加する貨物は、仕方なく荷車で遠く加古川、市川の中継地まで運ばざるをえなかった。運べる量、時間的ロスを解消する鉄道への期待は、産業界を中心に大きかった。

バス、近隣鉄道などとの競合

この時期、加西でも自動車の導入が始まった。バス事業（乗合自動車）として一九一八（大正七）年九月、北条自動車株式会社が発足。翌年一〇月から北条—姫路間、一九二〇（同九）年四月には北条—加東郡社町間（現加東市社）でバス運行がスタートした。その後、同社はフタバ自動車株式会社と合併後、北条―粟生―小野間、北条―加古川間にも進出、営業実績が伸び始め、北条支線にとって、大きな脅威になった。その後、神姫自動車商会に吸収合併され、神姫バスに至ると、さらなる強敵となる。バスだけでなく近隣の他鉄道も商売敵に。北条町誌は、その光と陰について、次のように記述する。

「姫路―但馬を結ぶ播但鉄道によって、但馬方面の商取引を奪われ、阪鶴鉄道（福知山線）では丹波・丹後、播丹鉄道の加古川線で多可郡の売場を失った。その半面、北条支線によって、駅前一帯の道路整備が進み、沿線に工場、商店、娯楽施設ができ、まちが活気を帯びるようになった」

これといって、人の集まる場所、歓楽街のなかった当時の中心地に、新たな人の流れができ、経済、文化交流の基点が生まれたことが、やはり、鉄道の威力として、この町に与えたインパクトにつながったことは、極めて大きかった。

播丹鉄道時代

加古川線と北条支線を含む全線の一体的運行、経営を進めてきた播州鉄道は、一九一四（大正三）年の第一次世界大戦期の好景気で営業成績が上向き、一九一七（同六）年一〇月、資本金を五〇〇万円に増資し、紡績事業などへの積極的投資や観光施設の直営に乗り出すが、ほとんどが失敗、経営は行き詰まり、実に四七二万円（現在の約四七億二、〇〇〇万円相当）の欠損金をかかえてしまった。事実上の倒産であった。このため、一九二二（同一一）年一〇月、経営陣を更迭し、翌年四月の株主総会で、この負債を引き継ぐ新しい播丹鉄道株式会社（資本金六〇〇万円、酒井米蔵社長）の創立を決定。翌一九二三（同一二）年一二月二〇日、すべての業務引き継ぎを終わり、同月二九日、播鉄の解散が決まった。新生播丹鉄道は、継承した債務整理に取り組んだが、当時の相次ぐ不況、バスとの競合などで思うように進まず、徹底した合理化と合わせ、株主への一〇年間におよぶ無配当などを進め、その借金返済終了が宣言されたのは、一九三五（昭和一〇）年四月の株主総会においてであった。

その間、播丹鉄道は来るべき車社会の到来を予測、乗合自動車（バス）とトラック部門を創業期から併設した。鉄道が貨物輸送の主役だった大正末期に、早くも自動車輸送時代に着目していたわけで、播州鉄道時代に先ぶれとして経験した車社会への脅威の表れでもあった。特に積極的だったのが藤井正専務取締役と白根竹介社長。藤井専務は、将来の鉄道の在り方として、東播一帯の交通業務を集約化、一元化を図る必要があると考えていた。昭和初期に播丹鉄道が経営したバス路線は、小野市、加東郡社町内が中心で、昭和一〇年ごろには同市池田、同郡東条町天神に車庫を設け、天神から三田、社、粟生、西脇間を一日数回運行した。一方、タクシー、輸送面では、沿線の運送業界との調整が難航、当時、東北播地方の運送業界の有力者であった大橋実次＝加東郡社町＝を同鉄道の役員に迎え、東播地域の自動車輸送へ大きく進出することになった。しかし、新たな収入源として期待した自動車部門が、やがて他社と激しく競合することによって、鉄道輸送事業の足を引っ張る過疎路線へと追い込む皮肉な結果になってしまった。それでも、加古川線、北条支線への軍用物資輸送、経営努力の効果に背中を押され、台所事情は少しずつ上向き始めた。途方もない借金をかかえ、ようやく先が見え始めたのは、昭和一〇年代中ごろのことだった。

1935（昭和10）年ごろの北条鉄道北条町駅前通り（播丹鉄道時代）

2. 国鉄北条線時代

播丹鉄道の国有化

東北播地方のトラック、タクシー業界をまとめ、一九四〇（昭和一五）年、播丹鉄道の常任監査役として、経営に参画した大橋は、系列会社となったトラック部門「播州貨物自動車」などで営業実績を伸ばし、手腕を見せる。このころ、旅客、貨物輸送とも順調なうえ、軍用施設の増設も見込まれ、経営は安定していた。ところが、第二次世界大戦開戦後間もない一九四二（同一七）年一一月、突然、鉄道省監督局長の佐藤栄作（後の首相）から緊急呼び出しを受けた。上京すると佐藤局長は「一九四三（同一八）年六月一日付けで、播丹鉄道を国鉄に買収する。よく管理しておくように」との宣告を受けた。威圧的ではなかったが、相談や交渉ではなく、もはや決定ずみのことだという（大橋実次日本運送相談役・私の運送史）。鉄道沿線には、加西の鶉野《うずらの》海軍航空隊飛行場と施設、小野にまたがる青野ヶ原重戦車部隊施設、尾上陸軍飛行場（現加古川市尾上町）などの軍事施設が多く、中でも鶉野飛行場、青野ヶ原重戦車部隊への物流は、当時、軍略上において国有化が欠かせない条件だとみられた。大橋が一足早く佐藤局長から申し渡された内容は、昭和一八年一月の八一回帝国議会で、北海道鉄道など全国一一社買収の公債発行案が成立、現実のものとなった。国有化の主な理由は、やはり、沿線に重要な軍施設があること、そして東播の幹線強化などであった。買収価格は一、四六三万二、一四〇円、蒸気機関車一二両、客車二二両、気動車（ガソリンカー）二〇両、貨車二三二両、職員五〇八人と共に国鉄へ引き継がれた。鶉野飛行場は一九四二（昭和一七）年、航空母艦に搭載する艦上攻撃機の練習地として、北条線法華口駅北東の鶉野台地に計画され、翌年一〇月一日、姫路海軍航空隊が開設と同時に完成した。総面積二五三万㎡、長さ一、五〇〇m、幅六〇m二本など計三本の滑走路、基地庁舎、兵舎などが造られた。川西航空機姫路製作所で作られた戦闘機（紫電、紫電改）は、分解され牛車で同社の鶉野工場に運ばれ、組み立てたあと、同海軍航空機の特攻隊員らが使って訓練していた。当時、北条町内で料理旅館「阿らし」を経営していた建石喜郎さん（八二）＝北条町北条＝は「飛行機を牛車で運ぶのをよく目にした。その航空機関係者や近々、出撃する若い特攻隊員らが宿泊、厳しい雰囲気でした」と回顧する。

戦時中の鉄道国有化政策によって、せっかく経営が軌道に乗り始めていた北条線は、強引に先の見えない国策にのめり込まれていった。この買収を機に国鉄加古川、高砂、北条、三木、鍛冶屋線と名称が変わり、開業以来、わずか二八年で私鉄から国鉄へと新たな旅立ちが始まった。また、この移管に合わせ、播丹鉄道の乗合自動車部の営業権が神姫バスに譲渡され、バス事業から完全に撤退した。

一九七二年、SLが姿消す

しかし、その播丹鉄道の買収資金は、全額が売買のできない登録公債で、しかも利率は、地方鉄道法によって定められたものより低く、会社の事後対応や株主の利益保証にもならなかった。このため、敗戦後、同社は同じ強制買収された全国の一一社とともに「被買収鉄道還元期成同盟会」を結成、鉄道の払い下げ運動に乗り出し、一九四七（昭和二二）年八月二二日、早期実現の決議表明を出した（交通博物館、同盟会決議）。翌年には播鉄提出の陳情が衆参両院で採択された。だが、沿線の利用者、鉄道の職員たちは、払い下げに反対、地域社会の考え方は、必ずしも一致せず、結局、還元は実現しなかった。国鉄移管後、列車の運行本数は、やや減ったものの、大型気動車の投入や運賃の軽減などのメリット面もあり、利用者の合意が得られなかったようだ。

北条線はその後、毎朝、各駅とも通勤、通学客で大混雑となる一方、貨物輸送も従来の酒米、石材、軍関係の貨物輸送が増え、SL、大型気動車が加西にもどんどん入ってきた。加古川線系各線のダイヤ編成、旅客対応に当たる大阪鉄道管理局加古川管理所が一九五八（昭和三三）年一一月に設置されたが、その二年後、操車業務に当たった元北条鉄道部長、山本正憲さん

（七〇）は「当時の車両は、定員が八八人の気動車キハ０６の二両編成。北条町駅を出て法華口辺りに来ると乗客が増えて込む。網引では満員状態。通勤・通学客でした。昭和四〇年代前半ごろまでは、貨車輸送に主としてＳＬを使い、重い米、石材、扇風機を運んでました」という。機関士として北条線などでキハ０６、ディーゼル機関車ＤＤ１３、蒸気機関車Ｃ１２型を運転してきた地元の宮崎正武さん（七三）も当時の活気を懐かしむ。このころは、まだ一般マイカー所有は少なく、北条線が唯一の足。網引駅では、ひどい場合、一〇〇人以上も積み残しが出ると、終点の粟生から引き返し、再び運ぶ「折り返し運転」という奇策が行われたという。もちろん、十分、時間の余裕があっての運行だったが、それですばやく対応ができた。その後は、無理を避けキハ０６より大きなキハ２０、さらに大型の新型気動車が加西でも走るようになった。

そのＳＬが一九七二（昭和四七）年三月一五日、山陽新幹線新大阪—岡山間開通に合わせて行われた沿線のダイヤ改正を機に任務を終え、廃止された。既に昭和二四年、国鉄がＳＬの新規製作を打ち切った時から、運命づけられていた。同年以降、加古川線や北条線では、播丹鉄道時代からの旧式車両を随時、Ｃ１２型に移行、約二〇両が使われていたが、徐々に気動車のキハ２０、同３０型に主役の座を譲った。同三三年六月からは、旧型は旅客車用から外され、重量貨物の多い高砂線のみ、馬力の強いＣ１１型を使い、その他は、すべてＣ１２型と使い分

昭和30年代以降、国鉄北条線などで活躍したディーゼル機関車DD13型車（加古川線粟生駅の北条線）

北条町駅に向け、スタート直前のC12型蒸気機関車。１９７２（昭和47）年ごろ、姿を消す＝１９５７年、法華口駅

山と池に挟まれた自然の中を走る貨客混合列車

けされた。最後まで北条、加古川線で活躍したのはC11型199、C12型225、同167、同230の計四台で、これらの機関車は、その後、会津若松などで使われた。播州鉄道時代、北条線を走ったとみられる古い米国ボールドウィン社、同ピッツバーグ社、英国のバルカン・ファウンドリー社製などのSLは、写真でこそ残っているものの、実際に加西で運行中の姿は、全く写真にも保存されていない。

脱線転覆の大事故から七〇年

北条鉄道法華口駅北東の高台に、今も広大な旧海軍航空隊鶉野飛行場跡が広がる。太平洋戦争末期の七〇年前、近くの網引駅付近で、練習機がレールを引っかけ、国鉄北条線の列車が脱線転覆、死者一二人、重軽傷者一〇四人を出す大事故が発生した。当時、軍の機密として、事故の詳報は伏せられたが、その後、網引駅前に慰霊看板が設けられ、毎年、命日には遺族らが訪れ、追悼の集いを続けている。

事故は、一九四五（昭和二〇）年三月三一日午後四時一二分ごろ発生。網引駅西約三〇〇mの軌道付近を訓練飛行中の戦闘機「紫電改」がエンジン不調のため、高度が急低下、尾輪をレールに引っかけ、近くの水田へ墜落した。たまたま直後に進行してきた北条町駅発粟生行きのC12型SLと客車一両が変形したレールに乗り上げ転覆した。客車は、乗客一〇〇人以上の満員状態で、生存者によると戦闘機は、東南方向から北へ飛行中に、線路上に激突したという。

鶉野飛行場向けの引込み線があった
当時の法華口駅（昭和32年4月）

1957（昭和32）年ごろの
法華口駅入口。
駅名は、ひらがな書き

在りし日の網引駅。1975（昭和50）年、
放火により焼失した

飛行機は、旧川西航空鶉野組立工場で製作、この日、試験飛行していたらしい。当時は、軍の機密で一切公表されず、事故原因も不明のまま。二〇一一（平成二三）年に入って、法華口駅のボランティア駅長を務める戦史研究家・上谷昭夫さん（七六）＝高砂市在住＝が大阪市港区にあった交通科学博物館で、事故SLの動輪一対を発見した。同館では、事故車両とは知らずに一九六二（昭和三七）年の開館当時から保管していたという。慰霊看板は、二〇〇三（平成一五）年に、鶉野平和祈念の保存会が設置したもので、縦一m、横二mのステンレス製。事故の詳しい内容、犠牲者の氏名などが記載されている。

北条線の廃止危機が浮上

好調に推移してきた加古川線などの旅客、貨物輸送も一九七一（昭和四六）年に入ると、さらにバス、トラックにシェアを奪われ、翌一九七二年には、同線をはじめ、北条線の貨物取扱いがなくなり、さらに翌年の一〇月一日から貨物列車の運行が廃止になった。北条線では、最盛期に一日平均約五、〇〇〇人もあった乗客数が一九七〇（同四五）年は三、六三二人、一九七八（同五三）年二、三八九人、一九八〇（同五五）年一、六三四人と年を追って減少、車の影響を強く受けた。この結果、一〇〇円稼ぐのに九〇〇〇円を超える経費が必要になる深刻な赤字経営に陥った（加西市史第二巻）。こうして最初に廃線の危機に見舞われたのは、少し前の一九六八（同四三）年夏ごろからで、同年九月四日、国鉄の経営改善について審議を進めていた国鉄諮問委員会（総裁の諮問機関）が全国の赤字ローカル線八三線をできるだけ早く廃止し、自動車輸送に切り替える、とした答申を行った中に北条線が入っていたためだった。廃止基準は①営業kmが一〇〇km以下で、旅客、貨物輸送とも減りつつある②定期旅客の片道輸送が三、〇〇〇人以下、貨物輸送の発着量が一日六〇〇トン以下―などで、関係各方面との折衝を急ぎ、早急に地元協議を進めようとした。これに対し、加西市議会は、事前の動きから同年八月に北条線の存続を一足早く決議し、同九月には、北条線存続特別委員会を設置するなど反対の姿勢を明確に示した。その後、加西を含む各地の反対運動が活発化、どことも地元協議は進まず、一九七二（同四七）年までに廃止されたのは、全国の廃線対象八三路線中、わずか一一線にとどまった。最終的には、計画が打ち切られることになり、北条線の廃止は、ひとまず危機を脱した。

再度の廃止危機　地元で強い反対運動

しかし、国鉄の経営状態は、その後も年々悪化。一九七一（同四六）年度の全国線区別営業成績では、二六〇線区のうち黒字は、わずか七線に過ぎず、それ以外は、毎年累積赤字が増える一方で、この建て直しを目指し政府は、一九八〇（同五五）年一一月二八日、向こう五ヵ年で経営基盤を確立する日本国有鉄道再建促進特別措置法（国鉄再建法）を成立させ、一九八五（同六〇）年度までに職員の三五万人削除、採算の見通しが立たない赤字ローカル線の一部を廃止、バス転換する方針を打ち出した。前回の赤字八三路線整理に失敗した経緯から、今回は、周到に計画を進め、まず「適切な措置を講じても、なお収支の均衡が図れない線区を地方交通線」と銘打って、赤字の程度に応じ三つのグループ分けしたうえで、順次一～三次と廃止時期をズラして実行するとした。主な内容は①一日の旅客輸送人員が二、〇〇〇人以下の路線は、一九八五年度までに廃止かバス転換②四、〇〇〇人以下は、一九八五年度以降に実施③八、〇〇〇人以下は、特別割増運賃（一九八五年度で現行の五割増程度）を行う――などが骨子。問題は、再び北条線がこの第一次廃止対象路線に入ったことであった。法案は、地元の強い反対を無視、強引に廃止が可能になり、バス転換や第三セクター（地方公共団体、民間出資の会社）経営を推し進めようとするものだったが、この国鉄再建法は、赤字の七一％がローカル線ではなく、都市間を結ぶ幹線が生み出したものであること、その幹線の合理化計画が明示されず、地方公共交通の実態が明確に把握されていないなどの大きな問題を残したままだった。一九八一（同五六）年三月三日、政府は国鉄赤字ローカル線（特定地方交通線）の廃止基準を定める国鉄再建法施行令を正式決定、北条線は五七年度末までの第一次段階廃止対象線となり、さらに同年九月二五日の国鉄経営改善計画案で、北条線など全国三八線区の廃止を一年延ばして、一九八三（同五八）年度からとし、代替交通手段を探る地方対策協議会も半年～一年半程度遅れて開始することを明らかにした。

これに対し、地元加西では、前後して一気に反対運動が盛り上がった。一九七九（同五四）年三月、加西市議会は、北条線の複線電化および廃止反対決議を行い、翌年三月には市議会に北条線存続対策特別委員会を設け、運輸省、国鉄への陳情を重ねた。同四月には、大崎清市長を会長に区長会、婦人会、会社代表など二四人による北条線利用促進協議会を結成、五万一、〇〇〇市民総署名運動と合わせ、利用者を増やし、廃止計画を見直してもらう活動、複線電化による神戸電鉄との直結など、市民ぐるみの利用促進キャンペーンを繰り広げた。このほか、乗客を増やすため、小中学校、幼稚園児らと付添人や一五人以上の団体利用者への助成金支給、市民の年三回乗車奨励、毎年八月に行なわれる真夏の祭典「加西サイサイまつり」参加者の鉄道利用、市役所、市内事業所、出張者の活用、小中学生の遠足利用、さらには北条線沿線の写生大会、思い出作文コンクールなど「オール加西運動」が広がった。こうした運動の中、一九八〇年（同五五）年一二月六日には、国鉄再建法成立で事態がひっ迫したため、加西市と利用促進協議会共催の廃止絶対反対市民集会が北条町北条の大歳神社境内で催され、婦人会、青年団、事業所代表ら約七〇〇人が集まった。全員がタスキがけ姿で、手には旗、プラカードをもち、市民の足を守る必死の運動が続いた。この集会は、加古川沿線の廃止予定路線の中では、初の大規模住民集会で「子孫のために北条線を守り抜く」との大会決議を採択、北条町駅までデモ行進した。市議会も三万余の反対署名を添え運輸省、国鉄に陳情を強化。鉄道が市発展の不可欠条件、何としても残してほしいと訴え続けた。

しかし、こうした反対運動にもかかわらず、北条線の廃止は覆らず、一九八三年度末までの実施が決まり、六八年の歴史を閉じることになった。とはいえ、北条線の場合、軌道沿いの代替道路がないため、簡単には廃止後のバス転換ができないうえ、乗客の大半を占める高校生らの通学生を短時間に、どう大量輸送するかが大きなネック。一方的な廃止計画には、より強い反発が残り、その後も市は、一日二、〇〇〇人の乗車実績確保に必要な助成補助金の予算確保を続け、市議会、現状説明など、粘り強い存続運動がギリギリまで展開することになった。結局、一九八二年度から始まった特定地方交通線対策協議会審議の

国鉄時代の最終列車の運転士に花束。多数の市民が詰めかける（北条町駅）

中で地元としても、国鉄運営にこだわらず、加西の公共交通保存を踏まえた柔軟かつ現実的対応を模索する空気が芽ばえ、市議会でも第三セクターによる転換気運が高まってきた。

別れを告げる国鉄北条町駅のスタッフたち

静かにホームを離れる国鉄北条線の最終列車（北条町駅）

国鉄の「さよなら列車」見送りに訪れた多数の市民ら（北条町駅）

3．北条鉄道時代

地方対策協議会で存廃検討

一九八三年度末までの廃止対象路線になっている北条線など兵庫県下四線の赤字ローカル線について、廃止後の代替輸送方法を検討する第一回特定地方交通線対策協議会が一九八二（昭和五七）年二月二三日に開かれ、県はバスまたは第三セクター転換を考えたい、と国鉄離れもやむをえないとの考え方を明らかにした。これまでにも県と加西市は、神戸電鉄への移管や第三セクター運営の検討を表明。その気運が高まっていた。その後も話し合いが続き、一九八四（同五九）年二月二一日、北条線問題だけの地方交通線対策協議会で、一九八五（同六〇）年四月一日からの第三セクターによる維持存続案がまとまった。その主な内容は①新会社は、現北条線の駅舎、鉄道施設をそのまま譲り受け、車両は軽くてエネルギー効率のいい軽量ディーゼルカー（レールバス）三両を購入、北条町〜粟生間を現行の一日一三往復から一五往復に増便する②運営は、国からの転換交付金四億一、四〇〇万円と運賃の段階的値上げで対処するが、開業初年度収支で七、五六〇万円、一〇年間で六億七、〇九〇万円の欠損が見込まれるため、転換交付金の四分の一を充てる—というものだった。当初から大きな欠損見込みをかかえ、しかも、交付金使用に制限がつき、以後発生する経常損失は、すべて関係県市で負担を強いられる厳しい内容であった。一九八四年五月二五日の最終対策協議会で、三セク転換の時期、出資構成などの最終的な細目が決まり、過去二年余にわたって転換計画を検討してきた同協議会は、同月の第六回をもって終了した。これによって一九八四（昭和五九）年一〇月に新会社を設立、翌年四月からレールバスによって、再開されることになった。

新北条鉄道は、資本金が一億円、沿線のほとんどを占める加西市が筆頭株主として三六%、兵庫県一七%、小野市五%、残る四二%を民間企業で出資。本社は現北条町駅内に置き、営業区間は北条町—粟生間の従来通り。車両はワンマン運転で九〇人乗りのレールバス三両を購入することになった。スタッフは役員、職員合わせて計一八人とし、加西市の委託業務（観光案内所、駐車場管理、観光事業）など一三項目の事業を担当する。同市も利用者増を目指し、北条線周辺沿線の住宅開発、工業団地づくり、観光開発や各種関連イベントを進めることになった。また、開業後一〇年間に約四億円余の赤字が見込まれるため、第三セクター転換資金四億円を運営基金として、元本と運用益で補てん、その財源は定期運賃差額交付金、初期投資交付金、転換促進関連事業交付金などを充てることにした。このほかにも経費節減に加え、増便、沿線イベントの支援など、あらゆる経営努力を盛り込んだ。当面の輸送計画も国鉄時代の一日一三往復から一五往復へ増やし、ラッシュ時は二両、データイムは一両編成として、運賃の収受は、すべて運転手が当たる。運賃についても定期利用者には、定期運賃交付金制度による割引が行われ、国鉄、神戸電鉄とは粟生駅で連絡輸送される。特にこの北条鉄道は、通勤、通学の貴重な足であっただけに、存続の形はどうあれ、悲願の続投が決まったことに市民もホッとした表情で、再デビューについて「本当にありがたい。多額の赤字が予想されるが、市の将来を考え、何としても利用を増やし、末長く走り続けてほしい」と話していた。全国で廃止対象になっていた赤字ローカル線四〇路線のうち、第三セクター経営で生き残ったのは、北条線が七番目。それだけ、財政面などで難しい現状が浮き彫りになった。

三セク鉄道、一九八五年四月開業

新体制でスタートすることになった新会社の設立に向けた北条線運行対策準備会が一九八四（昭和五九）年六月一一日に開かれ、具体的準備が始まった。会議には内藤節治加西市長をはじめ、井上増吉小野市長、さらに兵庫県総合交通政策課、加西市商工会など第三セクターのメンバーらが出席、規約と新役員を決めた。そして会長に内藤加西市長、副会長に井上小野市長、委員と監査役は県と民間から選んだ。この会で資本金、出資割合、開業資金として四億五、五〇〇万円を確保、三両の車両購入、施設整備を進めることなどを決めた。このあと、同年一〇月に会社の設立総会、翌年一九八五年四月一日の開業を正式に確認した。新会社の設立総会は、同一〇月一五日午後二時から加西市民会館コミュニティセンターで開かれ、第三セクターとして参加する加西、小野両市、兵庫県、民間企業などが出席、開業作業が始まった。新役員として代表取締役社長に内藤節治（加西市長）、専務取締役、渋谷光雄（北条線運行対策準備会事務局長）、取締役、澤慶一郎（県土木部長）、井上増吉（小野市長）、仲田忠雄（加西市商工会長）、田渕敏樹（太陽神戸銀行業務渉外部長）、横尾定視（神姫バス社長）、高見定雄（大鉄工業常務）、監査役、隅野正（兵庫相互銀行加西支店長）、牛尾重信（播州信用金庫北条支店長）らを選任した。本社仮事務所は、同月三一日に北条町駅内に設けられ、さっそく専任社員四人が翌年四月一日の開業に向け、運輸省への地方鉄道認可申請、転換交付金の申請などを進めた。新鉄道に採用するレールバスは、外観はバススタイルだが、下部は鉄道車両。乗降は後から乗車、前から下車する現在のバスと同じ方式。全体はクリーム色をベースに、北条鉄道の「北の文字」を図案化、車体にセットされた。新車両は一九八五（昭和六〇）年一月末にお目見え、以来、毎日、試運転が行われた。

その開業式典は、同四月一日午前九時一五分から北条町駅で行われた。内藤社長（加西市長）、地元住民ら約五〇〇人が出席、祝辞、感謝状贈呈に続き、内藤社長が「ただいまから、北条鉄道を開業します」と開業宣言。くす玉を割ったあと、真新しいレールバスの前に張られたテー

加西市、小野市、兵庫県などが出席して開かれた第3セクターの北条鉄道株式会社創立総会
（1984・昭和59年10月15日、加西市民会館コミュニティセンター）

北条鉄道の開業式でテープカットする内藤節治社長（加西市長、左から2人目）ら関係者
（1985・昭和60年4月1日・北条町駅）

マイレール・北条鉄道の開業を祝って繰り出した子どもみこし
（北条町駅前）

初乗り客でにぎわう北条鉄道のレールバス

プをカット、同一〇時六分発粟生行きの列車を拍手で見送った。また、この日は、式典に先立って同四時五〇分から同駅で一番列車の出発式が行われ、同社長は「赤字見込みの苦しいスタートだが、合理化と経営努力で業績向上を目指したい」と決意を強調した。さっそく北条鉄道事務所や加西市役所で開業記念乗車券や記念切手、ハガキ、レールを加工した「ぶんちん」の発売が行われ、人気を集めた。

利用客の推移

どうにか、第三セクター経営で存続された北条鉄道だが、利用客は、その後増えず、おおむね横ばい状態が続く。開業当時は、年間約三六万八、〇〇〇人だったのが、一九八九（平成元）年に三〇万六、〇〇〇人、一九九九（同一一）年には二九万四、〇〇〇人に減少。翌年から一日一便増やしたため、ややもち直し、二〇〇九（同二一）年三〇万六、〇〇〇人、以下年を追って三〇万七、〇〇〇人、三二万三、〇〇〇人、三四万一、〇〇〇人、そして二〇一三（同二五）年には、三四万二、〇〇〇人と、ほぼ三二、三三万人台を記録する。

定期券利用の比率をみると、全利用者の約六一％、そのうち、九四％が高校生の通学用で、北条町駅から二km圏内の県立北条高校、播磨農業高校、隣接の小野市には県立小野高校、小野工業高校へ通学している。二〇一五（同二七）年度には、東北播地域の高校通学地域が再編成、広がる計画のため、定期客の利用増が期待されている。

これに対し、通勤定期の利用客は、かつて、北条町駅近くにあった三洋電機の従業員が多かったが、撤退後は激減、現在は、全部でわずか約五〇人にとどまっている。今後、さらなる市民の利用をどう実現していくか、市外からの観光客誘致、鉄道がらみの事業、イベントなどによる集客をどう進めていくかが、赤字解消、経営安定の大きなカギになりそう。

苦しい台所、頼みは利用増

また、収支状況をみると開業当初の欠損は、二、六五〇万だったが、その後、初期経費が加わって一九八六（昭和六一）年以降、やや増加に転じ、本格的なレール更新が始まった一九九二（平成四）年の五、三三〇万円を最高に三～四、〇〇〇万円台が続いた。一九九六（同八）年以降は、二、二〇〇～二、九〇〇万円台に推移、二〇〇七（同一九）年に入ると一、五二〇万円に下がり、翌年は一、四八〇万円、以下年度を追って一、七〇〇万、一、五七〇万、二、〇四五万、一、六四〇万、一、八五〇万と平均一、六九〇万円程度の横ばい状態。年度における設備、施設更新などの経費増減で大きく変化するが、北条鉄道では、開業以降、第三セクター移管に伴う転換交付金四億円余のほか、年々発生する三、〇〇〇万円前後の赤字を補てんするため、加西市などが経営改善対策事業基金や加西、小野市の近代化事業費、各種国庫補助費などを活用、軽減を図ってきた。特に二〇〇三（同一五）年からは、北条駅前の商業施設「アスティアかさい」の駐車場権利収益金約八〇〇万円（年額）の定期収入は、大きな支援になっ

レールバスに乗り込む通学生たち。
利用者数をささえる貴重な乗客だ
（北条町駅）

美しい田園地帯にマッチ、
モダンな姿で走るレールバス
（加西市王子町）

にぎわう納涼列車。車中の
ビールもまた格別と歓談の
輪も
（1988・昭和63年7月）

1990（平成2）年ごろの北条町駅前。
現在は、少し南側に移転

た。しかし、その後、転換交付金も底をつき、それからは、同鉄道から加西市に納める年額約一、一〇〇万円の固定資産税をそっくり基金にプール、赤字補てんに転用するなど、苦しいやり繰りが続いている。それでも年間、ざっと一、七〇〇万円程度の欠損が見込まれ、この解消が大きな課題になっている。結局、五万市民のうち、およそ三万人が一年に四〇〇円乗車区間を二回利用してもらえれば、計二、四〇〇万円の増収になるため、強く活用を呼びかけている。

こうした厳しい台所事情の中で、鉄道施設整備については、これまでに一九九二〜一九九八年にはレール交換、一九九五年度と二〇〇一年度は新型車両(フラワ号)の購入、二〇〇五年度の線路、橋梁補修工事(国の近代化補助事業)や二〇〇七年度は、国の鉄道軌道安全輸送整備事業で枕木、踏切保安設備の交換などをそれぞれ進めた。加西も単独で施設整備補助制度を設け、安全輸送の支援を行っている。

待ったなしの活性化計画

開業以来、第三セクター転換交付金の取り崩しや、地方自治体の財政支援を受けながらも、年平均約三、〇〇〇万円に及ぶ赤字を重ねてきた北条鉄道にとって、生き残る道は、さらなる合理化、多角経営に加え、安定的な利用者増を図る以外になかった。このため、同社は二〇〇六(平成一八)年六月二〇日付けで活性化計画を作成し、全社を挙げ、市民ぐるみの理解と協力を得ながら、自主再生に取り組む方針を打ち出した。単なる理想論ではなく、具体的な経営方針、活性化の数値目標を示し、厳しい改善、改革を急ごうというものだった。

まず、活性化の数値目標としては①少子高齢化、人口減少の中にあって年二%の利用者増を目指し、二〇〇八（同二〇）年度時点で年間三四万人を確保する②二〇〇六年度で年間赤字額を二、〇〇〇万円以下、二〇〇八年には、さらに半減する③加西市からの新規業務受託事業（北条町駅前広場の管理、コミュニティーバスの運行）や、不動産の賃貸などによる新規収入を全営業売上高の二〇%程度までに拡大する――ことを掲げた。また、再建にかける経営の基本姿勢としては、国鉄民営化で廃止の運命にあった北条鉄道を存続させた市民の熱意、歴史的経緯に学びながら、あらゆる角度からの経営改革、企業体質の改善を進めること、さらに、これまでの延長線上の経営ではなく株主、経営陣、従業員が一丸となって企業努力を重ねたうえで利用者、市民、行政に協力を求める自浄的再生を進めることとした。

新しい鉄道への脱皮についても、一般公募のボランティア駅長による地域活動、駅舎改良、市民株主の募集をはじめ、運行ダイヤの適正改正、土・休日ダイヤの設定、各駅前駐車場の整備、公的機関の利用拡大、記念乗車券（市制、創業、結婚、各種お祝いなど）オリジナルグッズ（カレンダー、ハガキ、電車シリーズ）やイベント列車の拡充（サンタ・かぶと虫列車、お見合い、コンサート、カラオケ、七夕、敬老、バレンタイン、初詣など）を取り入れる。また、地元加西の魅力を生かした新規事業として、北条鉄道ふるさと産品市場（地元産品の駅前販売）

ジャンボリー（阪神間の人々との交流イベント）体験農業などを計画している。このほかにも沿線、駅舎の集客イベントとして、沿線を季節の花々で彩る花のプロモーション計画、駅舎を利用した海鮮市場、朝市、バーベキュー、そば打ちなどを演出する「たまり場」づくり、鉄道のサポーター制度（鉄道講座、マイ枕木支援制度、各種懇談会、小中学生らの一日駅長・一日運転士体験）などを年間を通じ企画、イメージアップ、利用者増へつなげたいとしている。

続いて中期経営計画

二年前に策定した活性化計画に続き、二〇〇八（平成二〇）年六月に同社は、中期経営計画を作成、赤字の軽減と安全・安心運輸のさらなる整備を進めた。同年から二〇一二（同二四）年までの五ヵ年計画で、この活性化プランを前進させ、合わせて中期計画を併走させようというもので、柱は安定的な利用者増加事業と鉄道保安機能の整備。

中期経営計画は、過去二年間の活性化事業の成果を検証し「全国公募によるユニークなボランティア駅長は、人気を呼び、新しい地方鉄道の事業取組として、新日本様式一〇〇選にも選ばれ、現在でも新聞、テレビに紹介され、ＰＲに一役買っている。また、サンタ・かぶと虫列車も多くの子どもたちに喜ばれ、毎年、多数の乗客に結びついている。二〇〇四（同一六）年度に約三、〇〇〇万円もあった経営損益が二〇〇七（同一九）年度には、約一、五〇〇万円に半減した」としている。今後の主な経営課題としては①加西市の公共交通は、北条町駅で鉄道、路線・高速・コミュニティーバスが集中。神姫・西日本JRバスが共同運行する高速バスの利用者数は増えているが、路線バスは、姫路方面を除き他は、一日数本程度の運行であるため年々減少。コミュニティーバスも年々減り、二〇〇七（同一九）年度は、五年前に比べ半減した②北条鉄道の通勤利用は減っているが、高校生らの定期通学は増加し、全体の利用者数は、年間約三〇万人前後の横ばい状態が約二〇年続いている。市内で公共交通のない地域の人口は、約七％と少ない半面、約四四％が鉄道沿線に住み、これらの人々を今後、どう利用に結びつけるかが課題③また、九〇％を占めるマイカー利用者の鉄道活用をどう実現するかも大きな問題——と分析、この対応と同時に今後の高齢者、観光地への集客、事業やイベントのあり方など多角的な取り組みが問われることになりそう。その観光客誘致についても中期計画では、沿線に点在する県立フラワーセンター、五百羅漢、法華山一乗寺（西国第二六番札所）古法華自然公園のうち、北条町駅から約一㎞の五百羅漢を除き、他の施設は二～五㎞も駅から離れ、今後、各最寄り駅から観光地を結ぶ交通手段の検討を挙げている。このほか、旅客運輸収入以外の増収対策、行政、地域住民との連携強化、安全輸送とサービス向上にかかる施設整備などを進める計画。

安全輸送については、安全性の向上として枕木、道床、レールの交換、輸送力を強化するための車両更新、利便性を狙った法華口、播磨横田駅の駐輪場整備などを盛り込んでいる。こうした中期整備計画によって、年間旅客輸送数三〇万人を確保、二〇〇七～二〇一二年の五年間の各年経常損益を一、五〇〇万円程度に抑えたいとしている。

しかし、これらの活性化、中期計画は、いずれも、かつての経営陣によって作成されたものだが、一部の事業、催しを除いて、その多くが全く手つかずのまま計画倒れになっている。時々の諸状況に伴い、是非が判断されるにしても、せっかくの再生プランが生かされていないのは、今後の課題として残るのだろう。

市民の中には「今後、市、北条鉄道がより一体化、新たな構想が必要ではないか。例えば、沿線を自然公園の発想で、万難を排し、ＳＬ運行を考えるなど思い切った客集めの方法がいるのではないか」との声もある。

かつて、全国各地のローカル線が時勢に見合った対応策が見い出せず、次々、姿を消していった教訓からいえば、こうした活性化計画は、より深い市民ぐるみの検討、コンセンサスづくりが求められるのではないだろうか。将来への確かな生き残りを目指して。

主な事業、企画、イベント

加西市の公共交通は、北条鉄道の北条町駅を中心に鉄道、路線バス、高速バス（神姫バスと西日本ＪＲバスの共同運行）、コミュニティーバス（加西市の運行）で連絡されている。市内を走る中国自動車道の加西インターを経て、神戸（約六〇分）、大阪（約九〇分）を結ぶ高速バスと姫路方面への路線バス以外は、年々利用者が減少、同鉄道は通勤利用が減る一方、通学客は増え、ここ二十数年来、年間利用者がほぼ三〇万人余の横ばい状態。沿線の人口は、市街地の北条地区がほとんど変わっておらず、今後の高齢者利用促進と合わせ、中心地域の人々にどう活用してもらうかが大きなカギ（北条鉄道活性化計画、中期経営計画）となっている。その乗客増につなげる方策のひとつとして考えられたのが、一九八九（平成元）年一二月から始まったサンタ列車をはじめ、一九九九（同一一）年七月のカブト虫列車、二〇〇六（同一八）年六月の公募ボランティア駅長制度、同年一〇月の子ザル駅長などの事業、催しに加え、多くの市民、有志らによる各種ボランティア活動や全駅のトイレ整備、さらに三駅（長、播磨下里、法華口）の国登録有形文化財指定、女性運転士の採用、車両改装といった社のイメージアップ事業。この中には、既に軌道に乗り、乗客から心待ちされる人気催しも増えているという。主な事業をのぞいてみよう。

［サンタ列車］北条鉄道が一番早く始めた企画で、毎年、クリスマス前に催される、にぎやかな名物列車。毎回、参加者を募集し、地元加西や近隣の北播地方から幼稚園児と母親ら多数が参加、北条町駅から終点粟生駅（小野市）まで往復約一時間の車中Xマスパーティーを楽しむ。

車両は、二両編成のうち一両を専用使用、天井や荷棚、窓などにXマスの飾りつけを施し、ムードは満点。ジングルベルの軽やかなメロディーに合わせ、ボランティアの大学生ふんするサンタクロースとトナカイが登場。待ち構える子どもたちの歓声を受けながら、一人ひとりにお菓子をプレゼントする。さっそく全員で歌やゲームを楽しむなど、一味違った動くXマス会は、毎年の恒例行事になっている。例年、一〇月上旬から参加希望者を募集する。問い合わせ、申し込み先は同鉄道（☎0790・42・0036）。

［カブト虫列車］毎年、夏休み中の七月下旬ごろ催される。車内にカシの木や枝をセットして森に仕立て、虫をプレゼントしたり、飼育方法を手ほどきしながら北条町駅から粟生駅間を往復する。

毎回、幼稚園児、小学生につき添ってお父さん方も参加、一〇〇人を越えることもあるという。森になった車内には、野鳥の鳴き声や小川のせせらぎの音がテープで流される中、鉄道が用意したカブト虫、スズ虫をプレゼント、大事に育ててね―と飼育のアドバイスも行う。事前に同鉄道へ参加申し込みが必要。

［ボランティア駅長］二〇〇六（平成一八）年三月から毎年、北条鉄道が、市民や鉄道愛好者らのアイデアを経営活性化に生かそう、と全国から公募している。初年は二八人の応募があり、その後も年々、工夫をこらしたユニークな企画、催しが喜ばれている。

同鉄道は、本社のある北条町駅以外はすべて無人駅だが、このボランティア駅長は、同北条町駅を含む全七駅に置かれ、任期は二年。駅によっては、駅長二人制という所もある。公募のたびに応募してくるのは、県内外のさまざまな職業をもつ人たち。僧侶による仏教講座、よろず相談、親子や中・高校生を対象とした英会話教室などが催されている。鉄道のPRにとどまらず、地域活動のひとつとして、新たな交流の場になっている。各駅とも列車の発着以外は静かな田園地帯ばかりなので、人気も上々。活動ぶりが話題になり、これまでにも新聞、テレビ、冊子などでたびたび取り上げられている。

［鉄道まつり］二〇〇六（同一八）年一〇月から毎年秋に北条町北条の大年神社境内と沿線四駅で催されている。開催月日に変更があるため、詳しくは同鉄道へ。

江戸時代、宿場まちとしてにぎわった中心地の北条地区を通る旧街道沿いで催される「北条の宿はくらん会」行事のひとつと、ボランティア駅長のアイデア催しを一緒にした企画として行われる。同神社では、ミニSLの軌道が用意され、チビッ子たちに試乗してもらったり、グッズの販売もする。また四駅（長、播磨下里、法華口、網引）などでは、時々の駅長が計画した英会話教室、お菓子の配布やゲーム、防空壕の見学会など、いろいろな催しが組まれる。参加は自由。

［さくらまつり］二〇一三（同二五）年四月から毎年、沿線の花を楽しんでもらおう、と始まった。初回の同年は、北条町駅で鉄道模型の試走会や小ザル駅長との交歓会を実施。翌二〇一四年は四月一三日、国の登録有形文化財に指定された長、播磨下里、法華口の三駅で盛大に

夏の恒例催し、毎年、子どもたちでにぎわう「カブト虫列車」

Xマスムードいっぱいのサンタ列車

ミニ列車でも乗り心地は上々。人気の鉄道まつり

女子高校生のお茶席も人気の「さくらまつり」

超満員の子どもたちでにぎわう「ちびっこ・わくわく列車」

催された。長駅ではミニSLの試乗、ものまねショー、出店など、播磨下里駅はハーモニカ演奏会、出店、法華口は高校生らによる抹茶のお点前、駅で作られたパンの販売や近くの旧海軍鶉野飛行場跡の説明会などでにぎわった。

［ちびっこ・わくわく列車］「こどもの日」を列車で楽しんでもらおう、と二〇一四（同二六）年五月五日に初めて、北条町駅と粟生駅間を貸し切り車両で楽しんでもらった。

午前一〇時四〇分、北条町駅発二両列車の後部が会場。お母さんと一緒に参加した子どもたちが早々と列車に乗り込み定時スタート。よく見ると、中央付近に子ザル駅長が出迎え、ちびっこたちに愛きょうを振りまいていた。鉄道スタッフからお菓子をプレゼントしてもらい、盛り上がる中、人気ゆるキャラの「ねっぴー」が登場、歓声につつまれながら約一時間の交流を楽しんだ。参加希望者は早めに同鉄道へ申し込みが必要。

［子ザル駅長］二〇一〇（同二二）年一〇月から、北条町駅で親しまれていたニホンザルの駅長が一時、休職し、さびしがられていたが、二〇一四年になって復職、元気な顔を見せ、人気を集めている。

最初に就任したのは、豊岡市出石町内で飼われていた二匹。北条町駅構内に設けられた駅長室に月一回勤務、行事や催しに参加、活躍してきたが、二〇一一年から出勤ができなくなり、乗客らを残念がらせていたため、加西市、鉄道が復帰を強く働きかけ、後任駅長の再登場となった。二〇一四年の「さくらまつり」に顔を見せた新駅長は、さっそく子どもたちの人気を集めていた。

「電動自動車などのレンタル」北条鉄道は、北条町駅から最寄りの観光地や所要先へ行く乗客らの便利を図るため、駅前に貸し出し用の電動アシスト自転車と普通の自転車を用意している。

電動は八台で利用料は一日五〇〇円、保証金二、〇〇〇円（返却時に返金）または、運転免許証など公的身分証明書が必要。普通自転車は六台で、一日三〇〇円、鉄道利用者以外でも借りられる。同駅付近には、石仏群・五百羅漢、酒見寺、県立フラワーセンターなど観光地も多く、ちょっと利用するのに便利。

「新デザイン列車」北条鉄道は、旧三木鉄道から購入以来、そのまま使ってきた車両「フラワ2000―3号」を二〇一二（同二四）年三月、加西市のイメージキャラクター「ねっぴー」と小野市の市花・ヒマワリを描いた新しいデザインに衣替え、運行させている。

車両は、長年の使用で老朽化したため、地元のキャラクターに加え、隣の市で鉄道の株主でもある小野市の市花も一緒にデザイン化された。車体は、沿線に広がる田園風景をイメージした明るい緑色をベースに、ねっぴーとヒマワリが美しく配置されている。利用者からも「車窓からの風景、雰囲気にマッチしている」と好評。

［各駅のトイレを一新］気持ちよく駅のトイレを使ってもらおう──と、北条鉄道は、二〇一三（平成二五）年までに北条町駅と粟生駅を除く中間六駅の整備を終わった。老朽化が進み、早期改修を求める声にこたえ、工事を進めてきたもので、計画については、各駅周辺の有志や多くの市民、企業などが実行委員会を立ち上げ、着手したり、地元建設関係業者がボランティアで作業に当たるなど市民ぐるみの取り組みで完成した。

西国三十三カ所霊場二六番札所の法華山一乗寺の最寄駅で、観光客も多い法華口駅では、二〇一一（同二三）年一一月に着工、翌年一月に完成、水洗化された。合わせて駅舎に防犯カメラを設置、自転車置き場の屋根も新調。同年には網引駅も国庫補助の活用によって、男子用を新設し、田原、播磨下里駅も多くの寄金をもとに一新された。残っていた長、播磨横田両駅も二〇一三（同二五）年九月にそれぞれ水洗化とともに、障害者用も設けられた。長年、くみ取り式で使いづらかった全駅のトイレが更新され利用者に喜ばれている。

［線路の枕木応援団］二〇〇八（同二〇）年一〇月から、北条鉄道の枕木に一般から募集したエール入りのプレートをセットする応援団がお目見え、少しずつだが増えているという。

鳥取県下を走る若桜（わかさ）鉄道の先例を参考に、北条鉄道でも始めたもので、白いプレート（縦一二㎝、横一五㎝）に、思い思いの激励メッセージと名前を書いてもらい、一枚四、五〇〇〇円で三年間設置する企画。その後は、本人に贈られるという。プレートには「北条鉄道大好き」「また来たい」「米寿のお祝いに」などとつづられ、応募者は、鉄道ファンや市外の若い人、地元住民らいろいろ。赤字続きの同鉄道を励まそうというわけだが、何しろ、設置場所が場所だけに、よく目立ってPR効果は上々。加西市のふるさと創造部秘書課によると、二〇一二(同二四)年に入って、設置希望者が急増し、二〇〇八年一〇月~二〇一一年度末までに一一八人だったのが、二〇一二年度だけでも、わずか半年間で一八八人が応募、これまでに各駅で計二三二枚が並んでいるという。

[コミュニティーバスのスタンプラリー] 加西市のコミュニティーバスや北条鉄道利用者に記念品が贈られる「ねっぴー、はっぴー・スタンプラリー」が人気を集めている。

同市公共交通活性化協議会が毎年、計画しているもので、ねっぴー、はっぴーの市内巡回バスや同鉄道に乗車した運転士に、あらかじめ市役所、地域の公民館に用意してある台紙へスタンプを押してもらい、沿線の指定された九店舗へ持参すれば、一枚につき店のプレゼント(菓子、パンなど)と、市のイメージキャラクター「ねっぴーのイラスト入り缶バッジ」がもらえる。二枚になると、交換窓口で抽選に当たれば、一等(二、〇〇〇円相当)と二等(一、〇〇〇円相当)の景品が受け取れ、三等(二〇〇円相当)は全員に贈られる。二〇一三(平成二五)年には、夏休みを利用して一二日間行われ、市内の幼稚園児、小学生ら合せて五二人が参加、二等(北条鉄道グッズ)に二人、残る全員に「ねっぴータオル」やパンなどが贈られた。同年

やっぱり車窓は最高よ。
人気者の子ザル駅長さん

ねっぴー、ヒマワリを配し、新装デビューした
フラワ2000ー3号車

駅舎とは別棟に建てられた田原駅のトイレ。
一般も利用、便利がられている

枕木にセットされたエール入りの応援プレート
＝播磨下里駅

三重塔のお披露目式で行われた関係者の
テープカット＝北条鉄道法華口駅

は、ねっぴーの缶バッジを五種類用意、好評だった。

［法華口駅前に三重塔］加西市坂本町、法華山一乗寺（西国三十三カ所霊場二六番札所）にある国宝三重塔の約三分の一大の塔が二〇一三（平成二五）年一二月、北条鉄道法華口駅前にお目見え。以来、駅のシンボルとして親しまれている。

塔は二〇一二年から同市東横田町の大工、甲光宏さん（五二）ら三人が制作したもので、高さ約七mの総ヒノキ造り。事前に幾度も高さ二一・八mの実物を見学、細かい設計、材料の準備を進め仕上げた労作。模型とはいえ、建物の中心には塔を支える心柱が通り、屋根の隅に取り付けられる尾垂木（おたるぎ）、屋根の曲線表現など完成までには、苦労が多かったという。一時、加西市役所の玄関ホールに置かれ、訪れた市民に披露されたあと、同駅前へ。同駅には一乗寺を訪れる人も増え、築後一〇〇年を経た古い駅舎とは対照的に、ヒノキの色も新しい塔は、ひときわ存在感を高めている。

長（おさ）など三駅が国登録有形文化財

北条鉄道開通一〇〇周年を前に二〇一三（平成二五）年一一月、長など三駅舎が国登録有形文化財に決まった。いずれも開業当時の建物で、観光資源、歴史産業遺産として、鉄道事業活性化への期待が高まっている。

登録されたのは法華口駅（加西市東笠原町）、播磨下里駅（同王子町）、長駅（同西長町）

の駅舎とプラットホーム、法華口のトイレ。法華口、長の建物は、ともに一九一五（大正四）年三月三日（北条鉄道開業日）の建築。木造平屋建て、かわらぶきの切り妻造りで、石積みのプラットホームとともに、一〇〇年の歴史を感じさせる。また、播磨下里駅は、一九一八（同七）年一月の建物で、いずれも造られた年月を刻んだ銘板が残っている。

法華口は、周囲を田園風景に囲まれた駅敷地の中央にあり、外壁は縦板張りの上部に白漆喰《しっくい》塗りの小壁が続く。間取りは、かつて待合室、駅務室、和室、納戸の各一室だったが、一部改修後の現在は、待合室兼食堂一室、パン工房一室がある。全体として開業当時の姿がかろうじて残り、改築前の銘板に大正四年三月三日の駅開業日が表記されている。二基ある石積みのプラットホームは、ともに高さがＳＬの旧式機関車用に二段で低かったが、国鉄時代に気動車用の規格（七六〇㎜）へカサ上げ、その後、さらに列車用（九二〇㎜）に高くなっている。また、トイレは、別棟になり木造平屋建てのかわらぶき。銘板の記録から駅舎と同時に建てられた。駅全体が昔から変わらない周辺の自然景観にとけ込み、沿線有数の美しさを醸し出している。

播磨下里は、ここも田園地帯にあり、建物は木造平屋建てのかわらぶき。構造は、伝統的な木造軸組工法を採用し、外壁は横板張りの上部に白漆喰塗りの小壁で、横板張りの外壁は、沿線では同播磨下里だけだった。間取りは、当初のまま待合室、駅務室、和室、納戸各一室で構成され、駅自体がほとんど改修されていないため、全体として播州鉄道北条支線開通以来の姿をよく残している。特に券売所、手小荷物受所、待合室、駅務室が当初と全く変わらずに残っているのは、全国的にも珍しいという。銘板には大正七年一月と明記され、駅舎、プラットホーム、上屋は同時期の建造。プラットホームは、他の駅と同じように高くカサ上げされ、本線向かいのホームは、近くの山から切り出された長石が使われている。

長もすぐ北側は田園地帯。建物は、木造平屋建てのかわらぶきで、沿線の中でも最も古風な感じを受ける。外壁は当初から縦板張りの上部に白漆喰塗りの小壁が張ってある。改築前の間取りは待合室、駅務室、和室、納戸各一室で、駅舎自体は、ほとんど改修されていない。ここも券売所、手小荷物受所などが残るが、改修が小幅だったためか、保存状態もよく、播磨下里駅とともに貴重な施設。大正四年二月の建築で構造、配置などが法華口とよく似ている。

現存するローカル鉄道の駅舎と関連施設が国登録有形文化財に指定されたのは、兵庫県内では、北条鉄道が初めてで、同鉄道は、これらの駅を中心に活性化事業、企画などを積極的に進め、利用者増につなげたいとしている。

北条鉄道の「いま」―支える「ひと」

＊一〇〇年の歴史かみしめる

北条鉄道運転士　**黒川純子**さん（三〇）

開業一〇〇年の年に、かかわることができ、本当にうれしい―。北条鉄道では珍しがられた女性運転士の第一号として、その重い歴史をかみしめる。

黒川さんが鉄道界入りを目指したのは、高校生のころ、騒音の悪評をよそに、さっそうと疾走する新幹線の格好よさ、力強さをホームで目にしたのがきっかけとか。圧倒され、感動したという。将来、何とか鉄道の仕事に携わりたいとの強い希望を抱き、大学卒業後、この道一筋に幾度か鉄道会社を受験したが、失敗し続けた。浪人生活中、たまたま、アルバイト仲間から北条鉄道の社員募集案内を見せられ応募、見事合格した。二〇一〇（平成二二）年三月のことだった。面接の時、運転士になる気はあるか、と尋ねられ「頑張りたい」と答えたのが、どうやら将来の方向を決めたようだという。毎日、日常業務の傍ら、ディーゼル車の勉強を始める。実技研修は、社内の先輩運転士について学び、筆記テストは近畿運輸局で行われる運転免許取得試験に挑戦、翌二〇一一年六月、無事合格し、さっそく同七月一日からいよいよ北条町駅―

粟生駅（小野市）間一三・八㎞の運転士として、乗務が始まった。長年の夢がかなえられた瞬間だった。

といっても、仕事は運転だけではない。赤字を抱えた小さなローカル鉄道では、簡単な車両点検、整備、洗浄などは運転士の日常業務。七人の運転士が交代で車体のネジのゆるみ、破損はないかとハンマーをたたいてチェック、週一～二度はホース、ブラシを手に洗浄にも汗を流す。安全運行に欠かせない仕事だけに、細部まで目を光らす。勤務体制は、出勤時間差によって個々まちまちだが、一日五往復、多いケースだと七往復の日もあり、大変な重労働。朝の通学便以外、すべて運転士だけの一人乗務のため、運賃徴収、客との応対など負担も大きい。意外と運転には神経を使い、雨天や乗客数による微妙なブレーキさばきの難しさ、安全確認など疲労も重なる。「勤務の日は、早く休むだけ。健康管理が一番大切ですね」と黒川さん。早朝出勤のダイヤでは、午前四時に起床、高砂市内の自宅から車で出勤、時計を合わせたり、車両の事前点検を済ませ乗務へ。

北条鉄道といえば、沿線の自然景観が売りもののひとつ。運転席からのお気に入り風景は、穀倉地帯をバックに広がる法華口駅西側の色なす空とか。「私が歴史的な一〇〇年にかかわられたのも、多くの加西市民や乗客のみなさん、そして基礎を築いてこられた先輩のおかげ。今年は、これから次の一〇〇年に向けてのスタートの年でもあります。より多くのみなさんに親しまれる、この地のシンボル鉄道として、いつまでも走り続けてほしい」と黒川さん。そのために今、自ら何をなすべきか、平易にならず、常に緊張感をもって仕事に当たり、より親しまれる鉄道づくりに頑張ることでは―とつけ加え、運転席に戻って行った。

多くの人たちに親しまれる運転士に―という黒川純子さん
＝北条町駅

＊ボランティア駅長

人気です、駅舎の切り絵教室

網引駅・**妻木敏彦**さん

見たところ、なにげない風景や図柄だが、模様に沿って、小刀で切り進められると、見違えるばかりの美しい絵に生まれ変わる。そのだいご味に魅せられた人たちの「切り絵教室」が毎週、北条鉄道の網引駅で催されている。

指導しているのは、この駅のボランティア駅長、妻木敏彦さん（七〇）＝神戸市垂水区在住。もともと、専門の画家ではなく、元神戸市の職員で、二〇年前、北区役所有馬出張所に勤務していた時、美術館に出品される古い写真集を目にし、それを題材にして試作したところ、うまくいったことから本格的に取り組み始めたという。北条鉄道とのかかわりについても、ファンではなかったが、常々、地域活動に参加したいという強い希望をもっていたため、新聞紙上でボランティア駅長の募集を知り応募、採用と同時に二〇一二（平成二四）年九月、就任した。

上達のコツは、やる気と根気。仲よく切り絵に取り組む主婦のみなさん

といっても当時、駅舎は三一年前の火災で焼失したまま、再建されず、居場所がなかった。やっと同年、新築されることになり、その場を活用した教室の開設を考えたという。建物はできても、駅なので座る場所以外は、手作業ができるような机、イスがなかったため、自己負担で木材を購入、手作りの机などを準備のうえ、オープンした。現在、同駅周辺や約一〇㎞余も離れた中心地の北条町などから一〇人余の主婦らが訪れ、毎月第二、四月曜日の午前、午後に分かれ、思い思いの切り絵作りに励んでいる。

参加者たちは、絵の基になる好みの風景、静物、郷土芸能、寺院などを写真に撮り、Ａ３サイズにコピーし、図柄の上からカッターナイフで細かい部分から切り込んでいく。切った部分は、コピー用紙の白色と、回りの黒いコピー色がコントラストになって、絵に深みが加わる。カラーが必要な場合は、裏面に色紙を当てると、切り込んだところだけ色が出てくる。意外にだれでもできるらしく「新聞の字が読め、カッターの先がしっかり確認できる視力があれば、だれでもＯＫ。上達の秘訣は、やる気と根気です。みなさん、ずいぶん上手になられました」と妻木駅長。ほとんどの主婦が自宅でも作業を続け、これまでに加西クラブ連合会文化祭や、同駅の地元である網引町文化祭などにも力作を出品しているという。「仲間が顔を合わせ、しゃべったり、作品の話をするのが楽しみ。気分転換にもなるし、いいコミュニケーションの場にもなっています」と、生徒たちは、次回の教室を心待ちにしている。

こたつに入り英会話教室

長駅・村上尚美さん

無人駅に人を集め、にぎわうことから地域の活性化を—と、北条鉄道・長駅の「駅なか英会話教室」が開設され、今年で六年目。気軽なレッスンがうけ、海外旅行、ホームステイを目指す若い女性や主婦らも加わり、熱心に勉強を続けている。

指導しているのは、英語塾教師の村上尚美さん（四八）＝加西市在住＝。二〇〇九（平成二一）年一月、無人駅の活用を委託する同鉄道のボランティア駅長の公募に応募、就任とともに、この英会話教室を開設した。普段から各駅に人が少なく、全く活気が感じられなかったことから、何とか人を集め、地域の拠点にして盛り上げることが鉄道の活性化にもつながるのでは、と考えての参加だったという。大学では英文学を専攻、得意の英語を生かせる仕事をするため、英国にも留学、郷里である西隣町の神崎郡福崎町で一九九一（同三）年から英会話スクールを開校、地元の人たちに教えてきた。現在もほぼ毎日、福崎の学校と長駅をかけもちで指導中。

授業を前に、レッスンの準備に追われる村上先生。冬は、こたつが登場する

しかし、長駅に就任はしたものの、当時の駅舎は、ゴミとホコリにまみれ、壁は変色、床はボコボコ、雨漏りもして、まるで廃屋。開業一〇〇年来、ほとんど改修されず、手も加えられなかったためだった。さっそく友人、ボランティアらの応援を求め、大修理に着手。旧駅事務所を畳敷きに改修したほか、机、イス、カーテンなどを用意、どうにか使用できるまでには、相当、時間がかかったという。生徒が多い時は、二室を使用、冬場には、こたつもセットされる。現在も当時使われていた駅の業務設備、施設が数多く残り、駅の中で勉強しているよう。

生徒は、中学生から六〇歳代までの男女が毎週水曜日を除き、午前、午後、夕方に分かれて受講、地元加西市ばかりでなく、福崎町、小野、西脇市からも車で参加、先生の方は、村上さんのほか、加西市内の仲間や市内在住の外国人にも応援を求める。授業は、できるだけ、生徒の都合に合わせて進めるため、個人レッスンのケースもある。受講者は、高校受験に加え、最近は海外旅行、ホームステイを目指す若い女性も多いとか。「冬は、こたつに入りながら、家庭の雰囲気でレッスンを受けられるので、楽しく勉強できる」と人気は上々。駅舎から流ちょうな会話、笑い声が絶えない。「環境がユニークでいいのでは。ここを拠点に、コミュニティーの輪が広がり、いろんな活性化につながっていけば、ありがたいのですが」と村上さん。土曜日の夕方には、中学生が集まってくる。毎日、かけもち授業の傍ら段取りを決め、準備に追われ、駅長さんに休みはない。

悩み事、ダベりはお寺で

播磨下里駅・畦田清祐住職

鉄道事業のアイデアにもいろいろあるが、駅舎の小さなお寺で、地域住民と住職が語り合いを通じ、交流を深めながら、活性化と地域起こしにつなげようというのは、全国のローカル線でも例がないだろう。その舞台、北条鉄道播磨下里駅の「下里庵」がお目見えして、今年で九年目。最近は、時々の話題にも事欠かず、いつも活発な意見で白熱を帯びるという。

お寺さんは、東大阪市にある真言宗の額田寺《がくでんじ》住職、畦田《うねた》清祐さん（三七）。二〇〇六（平成一八）年、同鉄道が活性化策のひとつとして、全線八駅のうち、無人駅の六駅を自由に活用してもらうボランティア駅長制度をスタート、それに応募したのが庵づくりのきっかけ。もともと、大の鉄道ファンで、実家は寺ではないが、大学卒業後、僧職の資格を得たのち、どこかの無人駅で地元の人たちと本音でいろんな問題について話し合いたいと考えていた。たまたま、友人が北条鉄道のボランティア駅長の募集を知らせてくれ、さっそく名乗りを上げたという。

ところが、いざ就任してみると、配属先の同播磨下里駅は、創業後、ほとんど改修されておらず、傷みで惨たんたる状態。床はガタガタ、壁は壊れて変色、とても使えなかった。仲間に修理を手伝ってもらったり、市のクリーンセンターで古い机、イスをもらってきて、約半年が

どんな話もOK。祭壇に花を手向け、朝のお勤めに忙しい畦田住職

かりでどうにか使用可能になり、仏具一式を持ち込んで文字どおりの手作りの仏間になった。名付けて下里庵。当初は、地元住民たちも様子眺めだったが、気さくな住職の人柄を知って、だんだん訪れるようになった。住職が鉄道ファンだと聞いて、同駅で催される一般の「ファンの集い」の参加者や遠来の観光客らも加わり、約二五人にもなって入室できなくなるほど。時には般若心経や分かりやすい仏様の話を語り、世間話や社会問題の話もまじえ、質疑を続ける。個人的な悩みごと、相談にものり、予め前日までに予約しておけば、終了後、話を聞き、アドバイスもするという。

「話を聞いてもらえれば、スッキリするものです。普通、住民のみなさんは、僧侶と話し合う機会が少ないのでは。今後とも、みなさんの交流の橋渡しができれば」と畦田住職。下里庵は、毎月二～

三回、不定期に開かれ、何人かの住民が集まって、お茶を飲みながら世間話を楽しむ。特に決まったテーマはなく、住職から仏教の話はあまりしないとか。じっと聞き役に回り、みんなの会話に加わって、座を盛り上げる。「どんなことでも聞いてもらえ、遠慮なく話せます。アドバイスもいただけるので、気持が楽になり、いい勉強になります」と参加者も意欲的。

畦田住職は毎回、東大阪市のお寺から約二時間半かけて、やって来る。着くとすぐ祭壇に花を手向け、ローソク、線香に火をつけ、朝のお勤めから一日が始まる。祈るのは、人々の幸せと鉄道の安全。ミニ本堂からは、四季の田畑、山並みが一望のもと。「この身近な自然の景観に恵まれた環境は最高。ぜひ来ていただきたいですね。多くの人々に訪ねてもらい、交流を深めることが鉄道の活性化につながるのではないでしょうか」とも住職はいう。買い物、掃除、草引きなど下里庵の一日は、結構忙しい。

北条鉄道　駅と沿線

上から　法華口駅　播磨下里駅　長駅
国登録有形文化財に指定されている

左列上から　兵庫県立フラワーセンター
玉丘史跡公園　五百羅漢

下　古法華自然公園

北条町駅《ほうじょうまち》

加西市の表玄関

北条鉄道、路線・高速・コミュニティーバス、タクシーが集結する加西市の表玄関・北条町駅。百年前の一九一五（大正四）年三月三日、多数の市民に見送られ、ここから開業の一番列車が小野市の粟生駅へ向け、出発した。一四年前、現在地に新築移転、当時の面影は、ほとんど残っていないが、本社駅として、加西の顔であることに変わりない。

かつての駅舎は、現在地の北約三〇ｍにあった。入り口は、カワラぶきの大きな武家屋敷風の長屋門構え、左右に白壁の建物が続く、そうそうたる施設で、線路も旅客、貨物用を合わせ計五線のほか、修理工場、大型倉庫などを含む鉄道基地として、長年、加西の人と物資輸送を支えてきた。旧駅は、二〇〇一（平成一三）

14年前に移転、洋風に一新した北条町駅

年一一月、同市の駅前周辺市街地再開発事業に伴い、移転したもので、跡地にはスーパー、市立図書館、専門店などが入る再開発ビルの「アスティアかさい」が建った。

新駅舎には、旧駅同様、本社が置かれ、シンボルである赤い屋根の時計塔、二階建ての社屋を合わせ広さは、延べ四二八㎡。建物の屋根は、珍しい四角錘《すい》、外部の側壁面にも同じような小型の屋根模様が八カ所に描かれ、周囲からよく目につく。一階は待合室、事務所、会議室などで待合室は、市の委託による観光案内所を兼ね、市内の観光案内パンフレット、名産品、鉄道グッズ類などを用意している。また、市の歴史街道ボランティアもここを窓口に、ガイドしてもらえる。現在の駅ホームは一線一面で、全線八駅のうち唯一の有人駅だが、切符は販売せず、車内で徴収される。駅のすぐ東側がバス、タクシーのターミナルで、中国道への高速バス、姫路、高砂などへの路線バス、コミュニティーバスの発着場。昼間、静かな駅のホームも朝夕は、乗客数の約八〇%を占める高校生らの通学生でにぎわう。活性化策を背負い、課題も多いが、今年は、新たな次の二〇〇年に向けた記念のスタートの年を迎える。

どっしりとした構えの旧北条町駅。
現在の「アスティアかさい」辺りにあった

播《はり》磨《ま》横《よこ》田《た》駅

水田地帯の新駅舎

北条町から、わずか二・二km。沿線では唯一、広々とした水田地帯にポツンとたたずむ。かつて、存廃の危機に揺れた時代もあったが、鉄道創業一〇〇周年直前に新築開店、新たなスタートを切った。

北条町―長駅間約四kmに中間駅がなく、地元の新設要望にこたえたのか、創業の翌年、いったん実現しながら、五年後の一九二一（大正一〇）年五月に業務休止、播丹鉄道時代の一九三四（昭和九）年四月に廃止される。当然、地元は収まらない。北条町側も一九五九（同三四）年七月から同鉄道の買収先である国鉄の大阪鉄道管理局へ再三、駅復活を陳情、翌年一一月国鉄は、工事費の全額地元負担を条件に了解し、一九六一（同三六）年一〇月、横田仮乗降場として再開設さ

2014（平成26）年11月」に新装開店した播磨横田駅

れた。同年一二月二〇日には播磨横田駅に名称変更されるが、資料が残っていないため、詳細は不明。当時の新聞報道によると、同二〇日、駅で開業祝賀会が催され、会場周辺は、色とりどりの風船や紙旗で飾られ、地元関係者、賀茂地区婦人会、同地区保育園児ら約二五〇人が出席、賀茂小学校六年生二人が祝賀列車の運転士と車掌に花束を贈るなど、盛大に祝い合ったという。

水田地帯にポツンと建つ駅の待合所。だが、地元には貴重な足だった

その駅舎も二〇一四(平成二六)年一一月に建て替えられた。二〇一三年一〇月、神戸市内に住む八〇歳代の女性から、北条鉄道の活性化に役立ててほしいと、一、五〇〇万円と共に自作の絵画八三点を同鉄道へ寄贈する申し出があり。この資金で待合室だけだった駅舎を一新したもの。完成式は二〇一四年一一月三日、同駅で行われ、関係者がテープカットした。新しい駅舎は幅七・二m、奥行き五・五m、最大の高さ四・九mの鉄筋コンクリート、一部木造平屋建て。播州・播丹鉄道をイメージした、外壁はスギ板張りにし、内部の壁面は、ギャラリーとして女性の作品を展示、屋根には太陽光パネルをセット、自家消費用に利用している。

長《おさ》駅

かつて、長石の拠点

長駅といえば、かつての加西特産「長石」の積み出し基地として知られる。そのために開設されたのであろう、この辺りで路線がわざわざ南の採石場に向け、大きくカーブする。全国の鉄道でも、こうした例は珍しくなく、時の政治、経済的判断と駅の位置決定は、かかわりが深かったようだ。

長石の最盛期には、同駅や次の播磨下里駅でも搬出され、重量物運搬用のＳＬ機関車、高馬力の気動車が入り、粟生、加古川をへて各地へ出荷された。一九八六（昭和六一）年一月五日の神戸新聞に当時、ホーム脇にあった大きな農業用倉庫の写真が掲載され、石だけでなく農産物の取り扱いなどでも、活況を示していたようだ。駅舎の完成年月を示す銘板によると、北条鉄道開業一カ月前の一九一五（大正四）年二月とされ、中間六駅の中で

長石の出荷で知られ、裏手に大きな倉庫があった

は一番古い。内部はその後、ほとんど改修されておらず、当時は駅で販売していた乗車券の券売所、小荷物受所、駅務室がそのまま残る。玄関の上部には小庇が付き、ガラス窓も木枠の状態。外観とともに現存する各駅の中で最も古風な感じを受ける。ホームに入ると、片隅に長石で造られた高さ約六〇cmの制帽をかぶった駅員と、若い男女のユーモラスな石像が出迎えてくれる。実に辺りによく似合う。傍らには、地元西長町老人クラブの花壇が季節の花を届け、周囲のサクラ、ツツジ、モミジが駅舎をつつむ。内部は、ボランティア駅員らによって補修、整理され定期の英会話教室が開かれている。

昭和30年代前半ごろの長駅。南側の倉庫は撤去され、現存しない

北側は水田地帯、左右、前には民家が建ち、駅は少々、様変わりしたが、取り巻く周辺は、ほとんど昔のまま。小川の側溝には、長石が積まれ、建物の支柱を支える土台にも使われ、産地を実感させられる。古墳時代の六世紀ごろから使われ、南奥の古法華自然公園などに古い石仏、磨崖仏が残っている。駅を基地にぶらり、周辺散歩に出かけるには、いいエリアである。

播磨《はりま》下里《しもさと》駅

ホームには、見事な石庭

駅の銘板には、一九一八（大正七）年七月一日建築とあるが、実は、鉄道開業時、既に一部建物が完成、一九一七年八月一四日に播鉄王子駅として店開き、使われていたようだ。つまり、後年、追加増築して記録されたらしい。

銘板を詳しくみると、創業の一九一五（大正四）年三月、木造かわらぶき平屋建て（四・〇四㎡）を新築、二年後に開業、使用し始め一九一八年になって、木造かわらぶき平屋建ての駅舎（三九・七四㎡）。スレートぶきの上屋（九・六一㎡）、石積みプラットホーム二基が完成した。そして国鉄移管の一九四三（昭和一八）年六月一日、播磨下里駅に改称された。

駅の東側に集落、北側が水田地帯、南西に長石の採

創建以後、現在まで、あまり変わっていない播磨下里駅

石場があるため、乗降客、農業倉庫用のホームは東側、西側の向かいホームは、長石の搬出しやすいように専用の通用口が配置されていた。戦前は乗降客の増減も少なく、長石、農産物の貨物輸送に支えられ、営業成績は安定していた。駅舎内部は、券売所、小荷物受所、待合所、駅務室が残り、貴重な大正時代中期の建造物。ホームの屋根が線路側の高い逆勾配になっているのは、他に例がない。

かつての播鉄王子駅。1943年国鉄移管後、現駅名に

ホームの一角に、駅では珍しい立派な石庭が目を引く。地元の吉田清一さん（七六）＝加西市野田町＝が、駅のために役立ててほしいと自らデザイン、製作し寄贈したもの。一二トンの巨石には「歴史は古き下の里、見守りつづける善防の山」と刻まれ、並んで俳人種田山頭火の句が入った石碑や花木の植栽が彩りを添える。地元ボランティアの支援を受けながら完成させたそうだが、利用者も立ち止まって熱心に見入っている。また、駅舎のミニ寺「下里庵」も毎月二〜三回、不定期で開かれ、駅の名物になっている。西約二㎞には、長の石山（加西観光二〇選）、少し奥には石造物、石仏の多い古法華自然公園が広がる。ウォーキングには、最適だろう。

法華口駅《ほっけぐち》

西国二六番札所・一乗寺の最寄駅

播鉄開業当時、所在地名から笠原駅と呼ばれたが直後、西国三三カ所巡礼第二六番札所、法華山一乗寺の最寄り駅として、参拝客を見込んで変更されたらしい。西側のロケーションがすばらしく、雄大な田園地帯、茜色に染まる空の下、たった一両の小さな列車がコトコト走る姿は、まさに一幅の絵になる。

この駅も開業時の建物。特に一九四三(昭和一八)年六月、国鉄に買収後、近くにある旧海軍鶉野飛行場とのかかわりが深まる。軍の輸送貨物が急増し、やがて飛行場への引込み線が何本か敷設され、一時は一一人もの駅員がその対応に当たったという。しかし、輸送物資の内容など詳しいことは軍事機密として、一切公表されず、資料も残されていない。ただ、駅からの貨

花と三重塔(法華山一乗寺国宝の模型)に囲まれた法華口駅

物発送量より、到着する方がずっと多かったとされ、それだけ飛行場への輸送量が大量だったのだろう。その機密路線に使われた古いプラットホームが今も、現在の軌道北側に残る。

建物は近年、耐震補強、パン工房作りのための室内改装、トイレ新装など、かなりの改修が行われたが、外部は、ほとんど昔のまま。最近、駅前に寄贈された一乗寺の三重塔の模型が建てられたり、駐車場が整備されるなど、きれいになった。そのパン工房は、二〇一二（平成二四）年一一月、加西市内の障害者支援施設「希望の郷」を運営する社会福祉法人・ゆたか会が改装、店開きしたもので、パン作りは、同施設の職員が担当、販売している。店の広さは約八〇㎡。待合室から直接購入、食べられるようになっている。店名は駅舎工房モンファボリ。パンは、幻の酒米といわれる「野条穂」を野条町営農組合が復活栽培、粉にしたのを使い、種類もいろいろ取りそろえている。ほかにも焼き菓子、コーヒー、紅茶も販売している。三重塔は、地元の大工さんらが法華山一乗寺の国宝に見立てた三分の一大の模型。二〇一三（平成二五）年一二月に設置され、駅のシンボルの一つになっている。

1957（昭和32）年ごろの法華口駅。
左側の倉庫以外、一部電柱、樹木もそのまま

田《た》原《はら》駅

地元学生が再建

法華口から狭い県道・小野香寺線（八一号）にほぼ並走、民家と田畑の間を北東に抜けると前方に駅舎。待合所、ホームの屋根、トイレだけの簡素ながら、いずれも新しい。南東に水田地帯が広がり、入口では、季節の花が出迎えてくれる。

旧駅舎は、盛り土されたホームに小さなマッチ箱のような待合所と駅名を示す表示板があっただけで、トイレもなかった。たまたま「高校生ものづくりコンテスト全国大会」の木材加工部門で最優秀賞を受賞、その後、埼玉県のものづくり大学建築技能工芸科建築研究会で学んでいた地元出身のメンバーが話を聞き、ボランティアで改築に取り組んだ。材料には、ヒノキの間伐材を使い、待合室、ベンチ、駅名の表示板作りを

存廃の苦難を乗り越え、6年前に再建された

進め、二〇一〇（平成二二）年七月に完成させた。参加したのは上田晃弘、岡部学、奥山智也、小澤良洋、小林優平、橋本紗希さんの六人。出来栄えは上々で、地元の田原町北西老人クラブもカンナ、ケイトー、マリーゴールド、葉ボタンなど季節の草花を植え、周辺の環境美化につとめている。

待合所だけがポツンと建つ、かつての田原駅

駅は、一九一九（大正八）年一二月、初代の施設が作られたが、一九三四（昭和九）年一二月に移転、翌年、田原停留所になるが、その後、国鉄への合併と同時に廃止される。足を奪われた地元の強い反対で、一九五二年に復活するという苦難の歴史をたどる。ホームの前には、田園地帯が広がり、通りがかったドライバーたちが駅でひと休み、景色や花を眺める姿も珍しくなくなった。近郊には、薄い板形石棺に彫られた板碑、鎌倉時代の石造物を代表する宝篋印塔（いずれも県重文）の残る清慶寺、万願寺と下里川の合流地点に広がっていた竹林を開墾、田畑にしたため田原村と呼ばれた現地など見どころが多い。一日、ゆっくり歩いて見学して回るのも楽しいだろう。

網《あ》引《びき》駅

平成二五年に再建

穀倉地帯なのに、なぜ「網引」とは。その昔、現在の駅南辺りに大きな水たまりがあって、人々が網を引き、川魚捕りをしていたのが地名の由来とか。そういえば、万願寺川と下里川が合流するこの地域は、魚の宝庫だったのだろう。駅舎は、集落の南側にあり、目印は高さが二一m余もある大イチョウ。秋の黄葉、ギンナンの実で親しまれる地元のシンボルでもある。

その駅が三一年前の一九八四（昭和五九）年六月五日未明出火、創建時の木造平屋建ての事務所など約四〇㎡を全焼してしまう。当時、無人駅で火の気はなく、不審火として調べられた。苦しい台所事情の北条鉄道は、再建できず、ブロック造りの簡易待合室だけで長年、対応してきた。新設されたのは二〇一三（平成二

火事で焼失、31年ぶりに再建、傍らにシンボルの大イチョウ

五）年二月一九日。多くの人々による寄付をもとに、地元企業が工事を担当、木造平屋建て約一五㎡の駅舎と屋外の車イス用スロープ、男子トイレが再建された。その後、駅前には、芝生敷きに一部レンガをあしらった駐車場や線路の南側には、二〇数本の桜並木が設けられ、地元網引町西老人会が管理する花壇にも季節の花が彩りを添えるなど、以前に比べ、見違えるほどきれいな駅に生まれ変わった。

焼失前の網引駅。周辺は一変、残っているのは、ホームの一部程度

また、この駅には悲しい歴史も残る。一九四五（昭和二〇）年三月三一日、西約三〇〇ｍの国鉄北条線の線路上で、旧海軍戦闘機・紫電改がレールを引っかけ墜落、接近してきた同線のＳＬが脱線転覆、死者一二人、重軽傷者一〇四人を出す大惨事が発生した。地元住民ら多数が救援に当たったが、その事故内容を示す掲示板が駅前に立っている。新駅舎といっても待合室だけだが、机、イスを用意して毎月二回、主婦らの切り絵教室が開催されている。室内には焼失前の駅舎写真や、明治時代初期の図面「地図から見る網引町」（二〇一四年八月製作）などが展示され、歴史を紹介している。

粟生《あお》駅

神鉄、加古川線を結ぶ

網引から山すそをしばらく東進すると、北へ丸く膨らんだ川を避け、軌道が大きく弓状にカーブ、終点粟生駅へ。山陽本線、福知山線を結ぶＪＲ加古川線、神戸の新開地へ向かう私鉄、神戸電鉄を連絡する中継駅である。

駅舎の開設は、播州鉄道の国包（加古川市）—西脇間が開業した一九一三（大正二）年八月一〇日。一九一五（同四）年三月三日創業した北条鉄道のターミナル駅として、共同使用を始めた。この年、加古川線をまたぐ跨線橋が完成、西側へ渡った下に専用ホームがある。かつては、加古川線とつながれ、加西の貨客車両は直接、加古川へ運行されたが、その後、北条線各駅や粟生駅の貨物取り扱い廃止とともに、直行ルート

電化後、駅舎は洋風に一新、北条鉄道、JR加古川線、神戸電鉄の中継駅に

新築改築前の粟生駅。入口を入った左側に券売所と、奥に改札口があった

はなくなった。それまでは、加西への重量物運搬車用ＳＬ、機動車の操車が粟生でも行われた。

二〇〇四（平成一六）年一二月九日の加古川線全線電化前の駅舎は、木造かわらぶき平屋建ての南北に長い建物。北側に東向きの入口があり、券売所、小荷物取扱窓口、待合コーナーが並び、その奥が改札口。入った所が加古川線、南側に一九五七（昭和二七）年四月一〇日に粟生へ乗り入れた神戸電鉄のホームがあった。当時、定期客が圧倒的に多く、大部分が神戸、加古川方面への客だったという。

現駅舎は、電化に伴い、洋風のモダンな建物に一新され、二〇〇八（平成二〇）年四月には、隣接して小野市の陶芸館がお目見え、窯や制作室、展示場、駐車場なども完備、親しまれている。加古川に架かる神戸電鉄の鉄橋は、一八七四（明治七）年、イギリスで製造されたポニーワーレントラス橋（錬鉄製鉄道橋）。長さ二二九ｍ、三角形の窓ワクが美しい。また、近くの左岸には、小野市の「おの桜づつみ回廊」が四㎞にわたって延びる。ソメイヨシノ、エドヒガンなど多種多様な品種約六五〇本が植えられている。

兵庫県立フラワーセンター

季節の花じゅうたん

開園が一九七六（昭和五一）年、広さが約四六ヘクタールといえば、兵庫県下最古参、全国有数の花園だろう。大きな池を中心に南国ムードいっぱいの大小温室、季節の花が咲き乱れる花壇、花のホール、山つつじの自然林など約四、五〇〇〇種の花々が出迎えてくれる。

四季折々に咲く世界各地から集められた花の中でも、特に自慢の逸品は、大輪の球根ベゴニアと一二〇種ものチューリップ。ベゴニアは約三〇〇種もあり、ほぼ年中、観賞できる。また、温室の熱帯植物や食虫植物を観察するのも楽しいだろう。池の北側には、バラ園が広がり世界各国の名花がそろう。近くには、レストランもある。

園内の催しも多彩で、春はチューリップまつり、秋は菊花展が開かれるほか、一般を対象とした園芸教室や写生会なども適時計画される。予約が必要だが、二〇人以上だと、園内ガイドも受け付ける。

●住所／加西市豊倉町飯森1282-1
●電話／0790-47-1182
●営業時間／9:00～17:00
●休業日／水曜日。チューリップまつり、菊花展開催中は無休
●入場料／一般510円、高校生250円、65歳以上260円

古《ふる》法華《ぼっけ》自然公園

最古の石仏と野外施設

五百羅漢、まち角の数多い野仏が示すように、加西の石仏、石造物がすべて豊富な石材の産地であったことと、無関係ではないだろう。

広さ約一五〇ヘクタールの公園内には、古法華寺、ハイキングコース、キャンプ場、バーベキューサイト、駐車場などがある。園内の笠松山展望台からは、晴天だと明石海峡、淡路島が遠望でき、見晴らしは最高。アトリエ館では、石彫りの体験ができ、完成品は遊歩道に並べ、来館者を出迎える。チャレンジしてみるのも面白い。

この古法華寺には、一、三〇〇年前の白鳳時代に彫られた日本最古の石仏「石造浮彫如来および両脇侍像」(国重要文化財)が観音堂内に安置されている。中央の如来像の顔面部には、人為的な削り跡が残る。はやり病、乱世の世を嘆き、だれかがこっそり削り取ったのでは、とも伝えられる。サクラ、新緑の季節は、園内が一段と映える。

●住所／加西市東剣坂町字善防北ノ手1345-2
●最寄り駅／北条鉄道播磨下里駅下車徒歩約20分
●開園時間／なし、年中無休
●問い合わせ／加西市商工観光課(0790-42-8740)、石彫アトリエ館(0790-46-0268)
●入園、駐車／無料

法華《ほっけ》山《さん》一《いち》乗寺《じょうじ》

面白い法道仏人の伝承

バスを降りると目の前が一乗寺。モミジ、ヒノキ、杉の樹林に覆われた伽藍に冷気が漂う。もう、あちこちに参拝客。西国三三カ所観音霊場第二六番札所の朝は早い。

寺伝では、六五〇（白雉元）年、法道仙人の開基とされる。その伝説が面白い。なんと、天竺（インド）から紫雲に乗って飛来、眼下に谷の峰が蓮華に見えたので、この地に降りたというから仙人らしい。鉢を飛ばして托鉢をするが、ある日、海の船に向けると知らん顔。が、積み荷の米俵が勝手に鉢と空を飛んで法華山へ。驚いた船頭がわびを入れ、返してもらう話が宇治拾遺物語にも取り上げられている。いろいろとエピソードが尽きない。

寺のシンボルは、一一七一（承安元）年の銘がある県下最古の三重の塔（国宝）。ほかにも重文の仏像、絵画など県下一の文化財を有する。春は花、夏は橘、秋は菊…の御詠歌どおり、寺域四〇ヘクタールの花の寺でもある。

●住所／加西市坂本町821
●最寄り駅／北条鉄道法華口駅下車徒歩約50分
●電話／0790-48-4000（納経所）
●営業時間／8・00～17・00、無休
●拝観料／500円

五百羅漢《ごひゃくらかん》

きっと親・子に似た顔が

必ず親や子どもに似た顔があるという五〇〇体の羅漢さん。訪ねやすいためにか、にぎわう旧街道、宿場町の羅漢寺で顔合わせの日をじっと待つ。

北条中学校の東隣、沙羅双樹、菩提樹、ツバキなどの木々に覆われ、寺というより、どちらかといえば庵のよう。境内に入ると居並ぶ石仏さんが優しく迎えてくれる。何か語りかけそうな口元、物憂げなまなざし、笑みの表情…。なるほど、一体一体が異なる。いつ、誰が、何の目的で作ったのか不明らしいが、一六一〇(慶長一五)年の銘入り像もあり、もっと昔からあったのだろう。彫った人々の思い、祈りが伝わってくるようで、何とも味わい深い。

元は、隣接する酒見寺の境内の一部らしく、一九四二(昭和一七)年に独立、寺になったという。毎年八月八日の千灯会（せんとうえ）では、境内にローソクがともされ、羅漢さんの顔がライトアップされる。

●住所／加西市北条町北条1293
●最寄り駅／北条鉄道北条町駅から徒歩15分
●電話／0790-43-0580
●営業時間／9・00〜17・00、無休
●拝観料／一般200円

酒《さが》見《み》寺《じ》・住吉神社

見ものは多宝塔、龍王舞

北条鉄道の北条町駅から西へ約六〇〇m。山陽、山陰地方を結ぶ旧街道、北条の宿沿いの、さながら一等地に伽藍が並ぶ。

縁起によると、七四五（天平一七）年、僧行基がこの地を訪れ建立。その後、聖武天皇の勅願所となった。本尊は、行基自らが彫ったと伝わる等身大の十一面観世音菩薩。秘仏で六一年に一度開帳されるという。極彩色の多宝塔（国重文）は、一六六二（寛文二）年に再建、県下重文では最も大きい。数ある例祭の中でもユニークなのが、毎年九月一一日から一週間続く引声会。僧が阿弥陀経をあげながら如来の周りを回る。

隣接する住吉神社は、延喜式神名帳に「坂合」と記され、明治維新まで酒見社と呼ばれた。御旅所で披露される龍王舞（県民俗文化財）が見もの。それぞれ異なる教理、主義を入りまじえる神仏習合の名残りをとどめているといえるのではないか。

●住所／加西市北条町北条1319（酒見寺）
●最寄り駅／北条鉄道北条町駅下車徒歩約10分
●電話／酒見寺（0790-42-0145）、住吉神社（0790-42-0423）

玉《たま》丘《おか》史跡公園

根日女の悲恋伝説も

二三代顕宗（意奚《をけ》）、二四代仁賢（袁奚《おけ》）の兄弟天皇伝説は古事記、日本書紀に記述されている。舞台は三木だが、加西でも独自に玉丘・根日女《ねひめ》の悲恋物語が伝承されたらしい。公園には、このヒロインを祀ったとされる四世紀末の前方後円墳、玉丘古墳（長さ一〇九m、後円直径六四m、高さ九m、国指定史跡）など七基と芝生広場、湿地観察園、野鳥観察デッキなどがある。唯一、根日女や玉丘の地名が見られる播磨国風土記には、三木の二皇子が娘に求婚、譲り合って結局、実現せず女性は亡くなり、玉丘の墓に葬る物語が語られる。同古墳造営と風土記の時代は、三〇〇余年の開きがあるが、時空を越えて語り継がれた物語に水を差す必要はあるまい。ロマンを込めて古墳を見学したり、四季の自然公園をゆっくり楽しむのもまた、楽しい一日になるのではないだろうか。

●住所／加西市玉丘町76
●最寄り駅／北条鉄道北条町駅下車徒歩約30分
●電話／0790-42-8775（加西市教育委員会）
●入園料／無料

北条鉄道の100年　年表

一九一三（大正　二）年	四月　一日	播州鉄道加古川—国包（厄神）間が開業
	八月一〇日	国包—西脇駅間開業
一九一四（大正　三）年	七月　六日	北条支線（北条町—粟生間）起工式
一九一五（大正　四）年	三月　三日	北条支線開業、長、法華口、網引の中間3駅でスタート
一九二二（大正一一）年一〇月		経営行き詰まり経営陣更迭
一九二三（大正一二）年一二月二〇日		播丹鉄道設立、播州鉄道から譲渡受ける
一九四三（昭和一八）年	六月　一日	日本国有鉄道に買収され、国鉄北条線に
一九四五（昭和二〇）年	三月三一日	網引駅近くで旧海軍の戦闘機が鉄道のレールをひっかけ墜落、進行した列車が乗り上げ脱線転覆、死者12人を含む大事故発生
一九八〇（昭和五五）年一二月二七日		国鉄再建法制定で、第一次特定地方交通線に指定
一九八一（昭和五六）年	九月一八日	北条線が廃止対象路線に
一九八四（昭和五九）年	五月二五日	北条線の第三セクターによる存続が決定
	一〇月一八日	北条鉄道株式会社設立
一九八五（昭和六〇）年	三月三一日	国鉄北条線廃止
	四月　一日	第三セクターによる北条鉄道株式会社営業開始
一九八六（昭和六一）年	四月　一日	列車無線の使用開始
一九八九（平成　元）年	三月一一日	12時台の1往復増発
	一〇月　一日	旅客運賃改定（平均6・8%）
	一二月一〇日	サンタ列車運行開始

一九九二（平成四）年	三月一四日	午前5時台の1往復削減
一九九四（平成六）年	四月二日	北条鉄道10周年記念事業実施
一九九六（平成八）年	三月一六日	17時台1往復増発、1日16往復に
一九九七（平成九）年	四月一日	旅客運賃改定（平均1・94％）
一九九九（平成一一）年	七月二二日	かぶと虫列車運行開始
二〇〇〇（平成一二）年	一月四日	フラワ2000—1型車両運行
	三月一一日	1往復増発・17往復に
二〇〇一（平成一三）年	九月一日	フラワ2000—2型車両運行
	一一月二〇日	北条町駅新築移転
二〇〇六（平成一八）年	六月一日	ボランティア駅長誕生
	六月二〇日	北条鉄道活性化計画の策定
	一〇月二〇日	第1回北条鉄道まつり開催
二〇〇八（平成二〇）年	六月	北条鉄道中期経営計画の策定
	一二月九日	三木鉄道から車両購入
二〇〇九（平成二一）年	三月三一日	レールバス（フラワ1985—1）を廃車
二〇一〇（平成二二）年	七月	田原駅の待合所改築
	一〇月一六日	子ザル駅長就任
二〇一二（平成二四）年	一月一五日	法華口駅・網引駅のトイレ新築で全駅の整備完了
	三月二〇日	フラワ2000—3型新装車両運行
二〇一三（平成二五）年	二月二〇日	網引駅新築
二〇一四（平成二六）年	一一月四日	播磨横田駅新築

あとがき

四季の田園地帯をのんびり走る北条鉄道の一両列車を眺めていると、一時期、深刻な経営不振と廃止の危機に見舞われながら、乗り越えて、一〇〇歳を迎えられた原動力とは、一体何だったのかと思う。

一口にいうならば、やはり、人々の強い熱意ではないだろうか。わずかな古い記録に触れると、鉄道を支えた地元の熱い思いが伝わってくる。長年、北播磨地方の物流を担ってきた加古川の舟運に代る新輸送手段として、前身の播州鉄道が開通、二年遅れになったが、北条支線の完成は、川の恩恵に預かれなかった加西にとって、かけがえのない足となった。

だが、なぜか社史が作られず、四度にわたる組織変わりで資料が散逸、詳しい当時の様子が分からない。一世紀前、間違いなく初期の小さな米国製SLに引かれた列車のはずが、実際、記録がないと想像せざるをえなくなる。その無理な確認のため、取材した皆さんを困らせることになった。それでも、住民が支援の寄付金集め、土地提供に奔走した、いろんな足跡が少しずつ分かってきた。あちこち訪れ、地域のよろず物語も聞かせていただいた。聞けば聞くほど、一〇〇年の歴史は重かった。話の続きは、また改めてお聞きしたいと思っている。

今回は、加西市をはじめ、北条鉄道、関係団体、地元の皆さんに資料や写真提供を頂き、厚くお礼申し上げたい。本当にありがとうございました。

二〇一四年一一月　　谷口 秀雄

■主な参考文献

「レイル　No・51」（株式会社エリエイ、2005年）
『日本国有鉄道100年史』（第6・11巻）
「バンカル2010」（西脇郷土資料館、脇坂俊夫）
「高原重太郎・播州、北条鉄道資料集」（古美術店・好古＝姫路市立町筋）
『加西郡誌』（1929年）
『北条町誌』（1944年）
『加西市史』（第3・6・7巻）
『西脇市史』
「又新日報」（1915年6月27日、12月25日）
「鉄道史料131号」（鉄道資料保存会）高山礼蔵
神戸新聞連載企画「消える鉄路」「74歳の転進・加古川線の軌跡と行く手」
「兵庫県加西郡勢要覧」（1923年）
「神戸新聞」（国鉄再建・1968〜1977年、国鉄赤字廃線・第三セクター・1980〜1987年）
「広報加西市」（1984年6月）
「加西市広報・ナイスディ」（2012年8月）
「北条鉄道木造駅舎建造物調査報告書」（加西市教育委員会、2013年3月）
「北条鉄道活性化計画」（北条鉄道、2006年6月）
「北条鉄道中期経営計画」（北条鉄道、2008年6月）
「鉄道ジャーナル」（成美堂出版社、2014年2月号）
『杜を訪ねて・上下』（神戸新聞文化部編・神戸新聞総合出版センター、1989・1990年）

●執筆者紹介

谷口秀雄（たにぐち・ひでお）
神戸新聞元記者
『ひょうご懐かしの鉄道』『兵庫の鉄道廃線を歩く』
（各分担執筆、神戸新聞総合出版センター刊）
『ビジュアルブックス』（分担執筆、神戸新聞総合出版センター刊）
『兵庫県労働運動史』（分担執筆、財団法人兵庫県勤労福祉協会刊）

●編集協力

加西市　小野市立好古館　北条鉄道株式会社　上谷昭夫（戦史研究家）
前嶋第誓（古美術店・好古店長）　宮崎正武（元北条鉄道運転士）
山本正憲（元北条鉄道運転士）　別府正（北条鉄道運転士）

●写真提供

加西市　河田耕一　宮本久雄（写真館・栄光社）
湯口徹　株式会社エリエイ　神戸新聞社

北条《ほうじょう》鉄道《てつどう》の100年《ひゃくねん》

2015年4月16日　第1刷発行

著者　谷口秀雄《たにぐちひでお》
発行者　山下俊一
編集・発行　神戸新聞総合出版センター
〒650-0044 神戸市中央区東川崎町1-5-7
神戸情報文化ビル9F
TEL078-362-7140
FAX078-361-7552
http://www.kobe-np.co.jp/syuppan/

編集担当　浜田尚史
デザイン　正垣　修
印刷所　株式会社神戸新聞総合印刷

落丁・乱丁本はお取り替え致します。

ISBN978-4-343-00844-2　C0065